FACULTÉ DE DROIT DE PARIS

DU FONDS PROVINCIAL

EN DROIT ROMAIN

DE L'EFFET EN FRANCE

DES ACTES JURIDIQUES PASSÉS A L'ÉTRANGER

EN DROIT FRANÇAIS

THÈSE POUR LE DOCTORAT

SOUTENUE

le jeudi [illegible] Juin 1869, à midi

PAR

PAUL DAVID

Président : M. LABBÉ

Professeurs	MM. [illegible]	Suffragants
	GIRAUD	
	BUFNOIR	
Agrégé	DESJARDINS	

PARIS

ANCIENNE MAISON [illegible]

PICHON-LAMY ET DEWEZ, LIBRAIRES-ÉDITEURS

15, RUE CUJAS, 15

1869

A LA MÉMOIRE DE MON PÈRE

A MA MÈRE

A MON FRÈRE

DU FONDS PROVINCIAL

DROIT ROMAIN

DU FONDS PROVINCIAL

Le terme de province (d'après Paul Diacre, p. 226. *Provinciæ appellabantur quod populus provicit id est ante vicit* — l'étymologie est douteuse, mais la signification du mot est certaine) désignait à Rome une étendue de pays, dont les Romains s'étaient emparés soit par droit de conquête, soit à tout autre titre et dans laquelle ils envoyaient un magistrat pour la gouverner au nom de la république. (*Festus v° provinciæ.* Isidor. orig. L. XIV, ch. v. *Sigonius de jure antiquo provinc.* L. I, ch. I). Un pays, qui, quoique soumis aux Romains, conservait ses lois et son gouvernement, et ne recevait des ordres que du sénat et des magistrats ordinaires de la république, n'était point une province proprement dite, et ne le devenait que lorsque, dépouillé de ses lois et privilèges, il était soumis à l'autorité d'un magistrat envoyé de Rome pour le gouverner. La soumission à ce régime s'appelait *imperio in populum tanquam pacatum uti*. (Liv. XXXVIII-34, Cic. de provinc. Cons. 13. 12).

Dans un sens plus large, ce nom comprenait tout le pays soumis, sans abstraction aucune de la condition particulière de chacune de ces fractions. (Cicer. *in* Ver. III. 6). Lorsque le sénat se déterminait à faire une province de la nouvelle conquête, c'est-à-dire à la soumettre à un gouverneur envoyé de Rome, la publication se faisait avec quelque formalité. Le général convoquait les états du pays, et, avec les commissaires que lui avait adjoints le sénat, il examinait la conduite des villes et des peuples de cette contrée, confirmait les priviléges aux uns, augmentait quelquefois leur territoire, leur accordait la diminution ou l'exemption totale du tribut, selon qu'ils avaient rendu des services plus ou moins importants. Ceux qui avaient ouvertement pris le parti des Romains étaient récompensés libéralement. Le reste de la province était dépouillé de tous ses priviléges, chargé d'un tribut et soumis à l'autorité d'un magistrat romain. (Liv. L. XXXV, c. 10, L).

Ainsi les habitants, quoique appartenant à une même province étaient d'une condition très-différente selon les priviléges par eux obtenus. Plin. Hist. nat. L. III, C. j. Il y avait donc dans la même province les terres des peuples fédérés et libres qui jouissaient du commercium et paraissent avoir eu un territoire susceptible de propriété romaine. On ne comprendrait pas que les Romains eussent consenti à s'interdire l'acquisition sur le territoire de ces peuples de ce même droit quiritaire, que les fédérés étaient mis en possession d'acquérir sur le territoire romain par l'octroi du commercium. Puis venaient les terres des peuples libres sans fœdus, qui, ne jouissant pas de cette faveur, semblent n'avoir pas eu le commercium, leurs terres restaient soumises à leurs lois et usages locaux. Elles ne faisaient pas partie du *provinciale solum,* dont parle Gaïus (II, 7), mais elles demeuraient, comme lui, en dehors du droit civil de Rome, et le mode comme l'effet de leur transmission était réglé par le *jus gentium.*

Le même droit de propriété incommutable, mais non quiritaire, était aussi quelquefois concédé à titre privatif, à des provinciaux et sur leurs terres propres. Celles-ci se trouvaient dès lors juridiquement détachées du sol, dont elles faisaient matériellement parties, et formaient une enclave *privati juris,* au milieu du territoire *juris publici* de la province; c'étaient les *agri decumani.* (*Sicul. Flaccus de condit. agror. apud Goes.*) ; on pouvait également élever le fonds provincial à la dignité juridique du sol de l'Italie entièrement assimilé à l'époque, qui nous occupe, à l'*ager romanus.* Cette faveur, au point de vue du droit privé, avait pour résultat de faire considérer le territoire de la cité, à laquelle on l'octroyait, comme n'étant plus situé en province, mais en Italie et dès lors avec le domaine quiritaire, il devenait susceptible de toutes les conséquences y attachées, usucapion, *cessio in jure,* mancipation, revendication, inaliénabilité en cas de constitution dotale, enfin faculté pour le défendeur d'opposer l'*exceptio italici contractûs*, si l'obligation avait été contractée dans l'étendue de ce territoire.

Code Just., L. VII, *de temp. in integ. restit.* (2, 53 . 6, *de repud. vel abstin. heredit.* (6. 31). *Un. de usucap. transfor.* (7. 31) *et* 1° *princip. de annal. exceptione.*

Les colonies établies dans les provinces étant romaines ou latines jouissaient de toutes les faveurs du droit civil romain.

Distinction entre l'*ager privatus* et l'*ager publicus.*

Dès les premiers siècles, où Rome eut des provinces, il se fit dans l'étendue des terres provinciales une division qui réfléchissait la distinction romaine du domaine public et du domaine privé. Les vainqueurs s'attribuaient dans chaque province des terres qui étaient affectées à la république, et qui étaient comprises sous la qualification propre d'*ager publicus*. C'était le plus souvent des cités qui, ayant opposé une vive résistance, avaient été complétement vaincues, ou avaient fini par se rendre à discrétion comme déditices (*Cicer. in Verr. de re frument.* III, C. 6). Les autres terres laissées aux habitants, aux anciens propriétaires sous la charge de la dîme des fruits ou d'un tribut fixe formaient le domaine privé. (*Rei agrar. script. Aggenus, edit. Goesii. Cicer. in Verrem,* t. II, 6). L'*ager publicus* des provinces était incorporé au domaine de la république. Sous le consulat de Cicéron, le Tribun Servilius Rullus fit adopter une loi agraire applicable à l'*ager publicus* situé dans l'Italie (*rei agrariæ leges variæ Goesius,* page 357), la loi voulait que les édifices, champs, étangs, marais, possessions, lieux publiquement assignés, vendus, concédés, possédés depuis le consulat de C. Marius et de Carbon fussent placés sous le droit le plus favorable à la propriété privé. (*Goesius leg. var.* n° 13, 14).

Trois siècles plus tard, Paul indique des terres, des possessions achetées dans la Germanie transrhénane, et il décide que le prix en était dû par l'acquéreur, bien que, depuis l'acquisition, elles eûssent été vendues par l'ordre du prince ou assignées aux vétérans (D. XXI. 2,11) Le même jurisconsulte dit que les terres publiques, *agri publici,* qui ont été louées à perpétuité, ne peuvent être retirées sans l'autorité du prince. D. XXXIX, 4. 11.

Il est bien certain qu'il y avait dans les provinces un *ager publicus,* dont le domaine appartenait à l'État, et dont la possession était concédée aux particuliers qui pouvaient vendre, acheter, succéder, mais sous la condition d'une révocabilité perpétuelle.

L'*ager publicus,* dans les provinces comme à Rome, était imprescriptible, inaliénable à titre définitif, sauf l'intervention de la loi ou de la puissance souveraine. Lorsque des terres du domaine public étaient assignées, en vertu de la souveraineté, aux vétérans et aux colons, avec arpentage et délimitation par les *agrimensores,* les terres étaient censées faire partie du sol italique, elles devenaient propriété romaine, *res mancipi.* Les vétérans, les citoyens de la colonie en avaient le *dominium ex jure Quiritium*, qui s'appliquait alors à des terres situées à une grande distance de Rome, comme il s'appliquait, dans les premiers temps, au sol des colonies fondées en Italie et investies du *jus latinum*.

En résumé, l'*ager publicus* des provinces était la représentation fidèle de l'*ager publicus* de l'Italie, soit dans sa condition première, soit dans ses concessions possibles.

L'*ager privatus* des provinces, au contraire, ne devenait jamais terre romaine, *res mancipi*, à moins que la cité elle-même, par une faveur toute spéciale, n'eût été gratifiée du *jus italicum*, mais, à part ce privilége, que l'*ager privatus* fût possédé par un habitant du pays, ou par un citoyen romain, il restait toujours provincial, *ager provincialis, res nec mancipi*. La qualité du possesseur n'influait pas sur la condition de la terre.

NATURE DU DROIT DE PROPRIÉTÉ SUR LE SOL PROVINCIAL

Nous devons nous demander quelle était la nature du droit exercé sur le sol provincial. Gaïus Inst. II, 7, nous dit : *In provinciali solo dominium populi romani est vel Cæsaris, nos autem possessionem tantum et usumfructum habere videmur.* Théophile (*paraphras.* § 40, I, *de rer. divis.*) dit aussi que les particuliers n'avaient pas la propriété de ces fonds, mais la jouissance et la possession très-pleine, mais il ajoute qu'ils pouvaient les transférer à d'autres et les transmettre à leurs héritiers. En effet on désignait ces terres du nom de *possessiones*. La signification du mot abstrait *possessio* a découlé très-naturellement de l'idée d'une prétention bien fondée et exclusive d'un particulier à la jouissance et à l'usage, puis on a transporté cette acception du droit lui-même à l'objet de ce droit. C'est ainsi que Javolenus dit que *ager* et *possessio* sont des choses différentes sous le rapport juridique, que le mot *ager* désigne un fonds, sur lequel on a la propriété quiritaire, que le mot *possessio* au contraire désigne ou un fonds, que nous avons accidentellement en propriété simplement bonitaire, comme par exemple un *fundus italicus*, dont on a seulement fait la tradition, ou un fonds, qui, d'après sa nature, ne peut pas devenir l'objet d'une propriété quiritaire. (Loi CXV, *de verb. signif.*)

Dans les derniers mots de cette loi, Javolenus faisait sans aucun doute allusion aux biens fonds provinciaux. D'un autre côté, on ne peut pas dire que l'*in bonis* s'appliquât au sol provincial, car pour cela le fonds tenu *in bonis* devait à l'origine faire partie de l'*ager romanus* et dans les temps postérieurs présenter le caractère italique.

Le sol provincial n'étant nullement susceptible du *dominium ex jure Quiritium*, le dédoublement de la propriété ne se comprendrait pas pour lui. Comme dans les provinces le domaine se réduisait à une sorte de possession, il est important de distinguer l'*in bonis habere* et les droits que les lois permettent sur le *solum provinciale*.

Différence sous le rapport de la nature même du droit.

Celui qui a une chose *in bonis* est investi d'une véritable propriété, d'un domaine innomé qui confère à peu de chose près tous les avantages de la propriété selon le droit des Quirites et qui y conduit rapidement, tandis que le droit précaire, qu'on peut avoir sur le sol provincial n'est ni un domaine ni un acheminement au domaine, mais se résout en un droit *sui generis*.

Au point de vue de la garantie provisoire, c'est-à-dire du moyen qu'a le possesseur de se faire maintenir en possession contre les troubles ou les obstacles qu'il pouvait rencontrer dans l'exercice de son droit.

Les possesseurs des fonds provinciaux ne sont protégés que par des interdits utiles alors que la propriété prétorienne donne droit aux véritables interdits.

Différence sous le rapport de la garantie définitive, c'est-à-dire la faculté de faire valoir sa prétention considérée en elle-même, abstraction faite de l'état de choses existant au moment de la demande.

Le titulaire de l'*in bonis* a l'action publicienne, mais il n'est pas sûr qu'elle fût également à la disposition de ceux qui possédaient des terres dans les provinces. Une constitution de Justinien Loi VIII pr. C., *de trig. ann.*, porte à croire qu'ils avaient, il est vrai, une action réelle, mais spéciale et qui n'était pas la publicienne. Cependant cette dernière différence est contestée à cause du § 2 Loi XII, *de publiciana in rem actione* : *in vectigalibus et in aliis prædiis, quæ usucapi non possunt, Publiciana competit, si forte bonâ fide mihi tradita sunt*, on dit que très-probablement les mots *in aliis prædiis, quæ usucapi non possunt*, ne peuvent désigner que les fonds *provinciaux*, *prædia stipendiaria et tributaria*, qui ont assez d'analogie avec les *prædia vectigalia* et les *ædes superficiariæ*, et qui étaient mentionnés à côté de ceux-ci, comme nous le voyons dans le passage d'Ulpien, qui forme le § 61 *des vaticana fragmenta : Proinde traditus quoque usus fructus, scilicet in fundo stipendiario vel tributario. Item in fundo vectigali vel superficie, non jure constitutus*. Les rédacteurs des Pandectes, en employant ce texte comme L, I *quibus modis usus fructus amittitur* n'ont conservé que ceci : *Proinde traditus quoque usus fructus item in fundo vectigali vel superficie non jure constitutus*. Ils ont retranché ces mots *scilicet in fundo stipendiario vel tributario*, parce que les fonds provinciaux étaient sous Justinien soumis aux mêmes règles que les fonds italiques. Il est probable, dit-on, qu'ils ont fait le même retranchement dans notre texte.

Du reste cette distinction que nous croyons juste en théorie paraît avoir été moins rigoureusement observée dans la pratique du temps de *Scœvola*, qui vivait sous le règne de Marc-Aurèle, à en juger par la loi IX *de rescind. vendit*. Dig., où ce jurisconsulte suppose un *præses provinciæ* ordonnant la vente du fonds de Lucius Titius débiteur envers l'État du vectigal. Lucius Titius voyant que la vente ne produit pas un prix assez élevé pour payer le vectigal s'est déclaré prêt à l'acquitter en entier. Le *præses provinciæ* a rescindé la vente et a fait rendre le fonds à Lucius Titius. Dans cette espèce s'élève la question de savoir si, après la sentence du président mais avant la *restitution*, le fonds se trouvait *in bonis* de Lucius Titius. Cette expression montre que le terme *in bonis* pouvait être appliqué à cette époque au droit qu'avait le possesseur du fonds provincial, dans un langage qui ne serait pas théoriquement exact.

Les possesseurs étaient soumis à une redevance annuelle, qui, suivant que la province était au peuple ou à l'empereur, se payait au trésor public *(ærarium)* et s'appelait *stipendium*, ou à la caisse Impériale (*fiscus*) et s'appelait *tributum*, d'où la distinction des fonds stipendiaires et tributaires, indifférente du reste pour le droit privé· Gaïus II, 21. Ce domaine éminent général et de souveraineté, qualifié par Gaïus de *Dominium populi romani*, et par les Institutes *d'imperium* était représenté par la dime des fruits établie sur les terres provinciales et par les impôts fonciers le *tributum et stipendium*, dont le sol italique demeura longtemps affranchi·

L'*ager vectigalis*, c'est-à-dire le fonds appartenant au peuple romain, à des cités ou à des colléges de prêtres ou de vestales et loué à des particuliers soit à perpétuité, soit pour un temps plus ou moins long sous la charge d'une certaine redevance annuelle (vectigal), soit en argent, soit en fruits (voy, Hyginus *de limit, constit. ed.*

Goes. p. 205) se rapproche. du *fundus stipendiarius et tributarius* au point de vue du droit du preneur, (1) mais il offre aussi des différences essentielles.

1° L'état, la cité, la corporation, qui a concédé l'*ager vectigalis* conserve le *dominium ex jure Quiritium,* si c'est un fonds situé en Italie ou dans un territoire jouissant du *jus italicum.* Le concédant peut revendiquer *civili in rem actione,* et le concessionnaire a l'action réelle prétorienne ou utile.

Au contraire, l'État ou l'Empereur, à qui est réputé appartenir un *fundus stipendiarius ou tributarius* n'a qu'une propriété nominale sans *actio in rem* le possesseur de ce fonds a seul l'action réelle.

2° L'état, la cité, ou la corporation peut, à défaut de paiement du vectigal, retirer la concession et reprendre le *fundus vectigalis.*

L'État ou l'Empereur ne peut pas, à défaut de paiement du *stipendium* ou *tributum,* reprendre le *fundus stipendiarius ou tributarius,* dont le possesseur est réellement le propriétaire, quoiqu'il n'en ait pas le nom.

Il pouvait arriver qu'une cité ou une corporation ayant un *fundus stipendiarius* ou *tributarius* le concédât à titre d'*ager vectigalis,* alors il y avait trois personnes.

1° Le peuple ou l'Empereur, propriétaire nominal, sans action réelle, il ne pouvait pas revendiquer, même en cas de non paiement du *stipendium* ou *tributum*

(1) Des textes les rapprochent en effet souvent. Vatic. ragm. 61, L. 12 2, 3. L. de publ. action.

2° La cité ou le collége, propriétaire véritable, pouvant revendiquer, non pas à la vérité en soutenant *prædium suum esse ex jure Quiritium*, mais au moyen d'une action réelle, dont la formule nous est inconnue. Il peut exercer efficacement cette action contre son concessionnaire, s'il ne paie pas le vectigal.

3° Le concessionnaire du fonds vectigal a l'*actio in rem vectigalis*, même contre la cité ou le collége, mais seulement tant qu'il acquitte le vectigal ; s'il cesse de le payer, l'action réelle de la cité ou du collége prévaut contre lui.

Puisque ces fonds provinciaux ne pouvaient être pour les particuliers l'objet du *dominium ex jure Quiritium*, ils ne pouvaient être l'objet d'une *cessio in jure*, car on ne pouvait dire : *hoc ego prædium ex jure Quiritium meum esse aio.*

Ils ne pouvaient non plus être acquis par usucapion. Ces fonds n'étaient donc pas *in commercio* dans le sens rigoureux du mot, en conséquence non susceptibles des modes d'acquisition et de garantie du *dominium*.

Ainsi la province n'avait pas, à proprement parler, les choses sacrées, parce que la terre n'avait pas été consacrée par l'autorité du peuple romain, mais le sol destiné au culte était tenu *pro sacro*. Le sol provincial ne se trouvait pas sous la protection des divinités romaines, il n'était pas susceptible d'une *dedicatio* ou d'une *consecratio* dans le sens du droit religieux romain et on ne pouvait y choisir un lieu pour tirer les auspices (Pline épist. X, 59.) aussi dans ce but rendait-on romain par une fiction dans les provinces une parcelle de terrain. Servius *ad æneid.* II, 178. Dion Cassius. (XLI 43.) T, Liv. (XXII. 1.) Tacite annales III, 59.

De même le lieu qui recevait la dépouille de l'homme libre ou esclave n'était pas dit religieux, mais il était tenu *pro religioso*, Gaïus II, §§ 5, 6, 7.

Même dans l'exploitation du sol et des fonds, on faisait sentir une inégalité entre le provincial et le citoyen. Ainsi on défendit aux peuples transalpins de planter des pieds de vigne et d'olivier, pour que ceux-ci eûssent une valeur plus grande en Italie. Cette haineuse prohibition fut levée pour la première fois par l'empereur Probus. (*Cicer. de republ.* III. 9. *Vopiscus in Probo.* 18.)

Le droit des gens présentait des institutions parallèles à celles du droit romain.

Ainsi les moyens d'acquérir le *dominium ex jure Quiritium* ne s'appliquent pas au fonds provincial, mais le fonds provincial est susceptible de tradition, qui est un moyen d'acquérir du droit des gens. Précédée de la vente, de l'échange, du paiement et des autres moyens d'aliéner, la tradition est le moyen d'acquérir les immeubles provinciaux à titre onéreux. *L'emptio-venditio* et la tradition s'appliquaient aux fonds de terre, qui n'étaient pas susceptibles d'une propriété parfaite. La mancipation était le moyen solennel du droit civil pour effectuer le transport de la propriété des immeubles de Rome et de l'Italie, sur lesquels les citoyens pouvaient avoir le domaine parfait *ex optimo jure Quiritium*, mais, dans la vente et la tradition des immeubles provinciaux au contraire, le vendeur ne pouvait jamais transmettre selon l'acception civile, le droit de pleine propriété, puisque le domaine quiritaire ou éminent de ces immeubles était attaché à l'empire du peuple romain.

Toutefois, comme ce vendeur avait le domaine utile, il pouvait transmettre la possession paisible dont il jouissait et garantir de l'éviction. Il possédait le fonds provincial, comme à lui, *pro suo*, et, par la vente par la tradition, il transmettait les mêmes droits à l'acquéreur, qui possédait *pro emptore et pro suo*, Dig. XLI, 10, 1.

La vente, dans la suite, s'est généralisée en droit romain par son application aux fonds de terre, quelle que fût leur situation dans les provinces ou dans l'Italie, mais elle a retenu son caractère originaire et distinctif, c'est la tradition précédée d'une juste cause, moyen déjà reçu dans l'ancien droit civil d'acquérir des choses immobilières *nec mancipi*, qui devient dans la deuxième période du droit romain le moyen d'acquérir les immeubles en général selon le droit des gens ou le droit naturel.

Le citoyen a le *dominium ex jure Quiritium et in bonis* sur le fonds italique, mais il n'a qu'un droit *sui generis* sur les terres du territoire provincial, l'habitant des provinces qui n'est pas membre d'un territoire gratifié du *jus italicum* ne peut avoir qu'une espèce de domaine, le domaine selon le droit des gens.

Les fonds provinciaux ont cela de commun avec les

objets mobiliers autres que les esclaves et les bêtes de somme et de trait, qu'ils ne sont pas plus qu'eux susceptibles de mancipation, aussi forment-ils avec eux la classe des *res nec mancipi*, mais il y a entre eux cette différence que les meubles *nec mancipi* sont susceptibles d'être *in dominio ex jure Quiritium* et y passent non-seulement par la *cessio in jure*, l'usucapion, mais encore par la *traditio*, tandis que les immeubles *nec mancipi* ne peuvent pas être *in dominio ex jure Quiritium* et par conséquent ne sont pas plus susceptibles de *cessio in jure* et d'usucapion que de mancipation.

Nous allons voir un autre effet de la tradition. Précédée de la volonté de donner entre-vifs, la tradition est le moyen d'acquérir les fonds provinciaux à titre gratuit et singulier, § 293. fragm. Vatic. Le dualisme existant entre la mancipation du droit civil et l'*emptio-venditio* du droit des gens existe dans l'aliénation à titre gratuit.

Dans le système de la loi Cincia portée en l'année 550 de la fondation de Rome, et qui défendait en général de faire une donation, qui dépassât un certain chiffre, la distinction entre les immeubles de propriété romaine *res mancipi* et les immeubles provinciaux *res tributariæ* est fondamentale. Les terres romaines ou italiques étaient transmises pour cause de donation entre vifs par la mancipation, et la donation devait être renfermée dans les limites de la loi, mais les terres provinciales ou tributaires étaient transmises par la seule tradition émanée d'un majeur de vingt-cinq ans, et pouvaient être données sans restriction § 293, Vatic. fragm.; or cette loi a été portée au VIe siècle de Rome et se trouve rappelée et confirmée en l'an 296, dans sa distinction essentielle 313. fragm. Vatic. Diocl. et Const. an 296.

Tout un ordre de propriété, de modes d'acquérir, de moyens d'établir et de créer les droits de jouissance se rattachait au sol provincial.

La propriété du droit des gens s'organisait et marchait de front avec la propriété du droit civil; aux moyens civils d'acquérir les immeubles, de constituer les servitudes personnelles et réelles et de créer des droits à la simple jouissance des fruits, la mancipation, l'usucapion, la *cessio in jure*, correspondaient selon le droit des gens, la prescription de long temps, les pactes et les stipulations.

Nous examinerons maintenant le sujet d'abord quant à l'usufruit.

En présence du simple droit de possession, et non du *dominium ex jure Quiritium* des possesseurs du fonds provincial, la conséquence logique serait qu'un droit d'usufruit ne saurait exister sur ces fonds et cependant Gaïus II., 31, dit.

« Quant aux fonds provinciaux, celui qui veut y constituer un droit d'usufruit et de servitude prédiale peut le faire par des pactes et des stipulations, parce que ces fonds eux-mêmes ne sont susceptibles ni de mancipation ni de *cessio in jure*. »

Que doit-on conclure de ce texte?

Le droit réel d'usufruit sera-t-il véritablement établi

sur ces fonds en vertu de ces pactes et de ces stipulations, de manière que celui, à qui il est accordé, ait *l'actio in rem confessoria*? Quelques interprètes l'ont pensé, mais cette interprétation ne paraît pas conforme à l'idée que les Romains se faisaient des fonds provinciaux et des effets ordinaires du pacte et de la stipulation. D'une part, puisqu'on ne reconnaissait pas à un particulier le droit de propriété sur un fonds provincial, comment aurait-on pu lui reconnaître sur ce fonds un droit d'usufruit ou de servitude, démembrement du droit de propriété? D'autre part, les conventions n'ont point la faculté de transférer la propriété, comment pourraient-elles conférer un droit d'usufruit ou de servitude?

La législation romaine distinguait absolument le droit réel et le droit de créance et les sources respectives de l'un et de l'autre. Un pacte est une convention qui n'est pas obligatoire, une stipulation produit une obligation civile et une action personnelle. Comment peut-on les employer pour constituer l'usufruit et les servitudes sur les fonds provinciaux?

D'après Théophile, (Paraph. ad. §. 4, Inst. de servitut.) Celui qui veut accorder à son voisin une servitude peut le faire par des pactes et des stipulations, car, après avoir conclu un pacte sur la servitude à concéder, celui à qui elle doit être concédée demande à l'autre: promettez-vous d'observer la servitude convenue, et, si vous ne l'observez pas, promettez-vous de me donner cent écus à titre de peine?

Ceci prouve que le pacte et la stipulation ne produisaient en cette occasion que leur effet ordinaire. Le fonds n'est pas grevé d'une charge réelle, mais la personne du possesseur est soumise par une obligation personnelle à souffrir que l'autre contractant exerce sur le fonds les mêmes actes, qu'il aurait la faculté de faire, s'il y avait un droit réel.

La situation est à peu près la même dans l'un et l'autre cas, tant que le fonds ne change pas de possesseurs, mais, si le fonds du promettant passe à un nouveau possesseur, ce dernier peut s'opposer aux actes du stipulant, qui n'aura d'autre ressource que de recourir contre son propre promettant, et non contre le possesseur, à moins que ce dernier ne se soit obligé à ne rien faire de contraire à la convention intervenue entre *Primus et Secundus*, les contractants primitifs. Si c'est le fonds, pour l'avantage duquel la stipulation a eu lieu, qui est transmis à un tiers, celui-ci, s'il rencontre quelque obstacle, agira par l'action, que lui aura cédée expressément ou tacitement son auteur.

Enfin nous voyons reparaître ce mode de constitution dans des circonstances, où certainement il est impossible de croire qu'il y eût aux yeux des Romains un véritable droit réel établi. Ainsi dans la loi XXXIII, § 1., *de serv. prœd. rust*, *Africanus* s'exprime ainsi, en parlant d'un propriétaire, qui a une servitude de conduite d'eau sur les fonds de plusieurs voisins, et qui veut établir une servitude de puisage sur son aqueduc, *nisi pactum vel stipu-*

latio etiam de hoc subsecuta est, neque eorum cuivis neque alii vicino poteris haustum ex rivo concedere, pacto enim vel stipulatione intervenientibus et hoc concedi solet, quamvis nullum prædium ipsum sibi servire neque servitutis fructus constitui potest : et pourtant *Africanus* n'admet pas qu'il y aura un droit réel établi, car il donne lui-même les raisons qui empêchent un pareil droit d'exister soit au profit des propriétaires des fonds traversés par l'aqueduc, soit au profit d'autres voisins, c'est que les premiers auraient une servitude sur leur propre fonds, ou une servitude sur une servitude, ce qui est impossible.

On objecte que cette explication ne peut se concilier avec le mot *constituere* employé par Gaïus, mais, pour répondre à cette objection, il suffit de citer la loi 3 pr. D. de usuf. et quemad. où le même jurisconsulte emploie le mot *constituere* dans un cas où incontestablement il ne peut y avoir lieu qu'à une action personnelle, à savoir un legs *per damnationem : omnium prædiorum jure legati : potest constitui ususfructus, ut heres jubeatur dare alicui usumfructum.* Toute la différence entre les deux cas, c'est que, dans le texte des Pandectes, l'héritier est obligé de donner l'usufruit, et que, dans les Institutes, d'après l'explication de Théophile, le promettant est obligé à donner une somme d'argent; mais l'on trouve aussi dans les Pandectes des stipulations, où le promettant s'est obligé à donner l'usufruit ou à donner une servitude. Évidemment ces stipulations pas plus que le legs *per damnationem*, n'établissent actuellement la servitude, car, si le stipulant aliène son fonds ou une partie indi vise de son fonds, après la stipulation faite, mais avant la servitude constituée, la stipulation devient inutile, parce que la servitude ne peut pas être établie pour un fonds qu'il n'a plus, ou dont il n'a conservé qu'une partie indivise, tandis que l'aliénation totale ou partielle du fonds dominant, après la servitude constituée, ne porterait aucune atteinte à cette servitude. (Paul, L. CXXXVI. de verb. oblig. Modestinus, L. XI de servitutib.) Puisque l'établissement du droit d'usufruit ou de servitude n'est point l'effet direct du legs *per damnationem* ou de la stipulation, qu'il en résulte seulement une obligation de la part de l'héritier ou du promettant de le donner (*dare*), comment cet héritier ou ce promettant exécutera-t-il son obligation? En employant suivant les cas soit la mancipation, soit la *cessio in jure*.

Mais *quid*, si c'est un fonds provincial non susceptible de mancipation ni de *cessio in jure*?

Il est impossible qu'il accomplisse directement son obligation dans les principes du droit civil, il ne pourra que régler par un pacte le mode de jouissance ou d'exercice et se soumettre par stipulation à une peine pécuniaire en cas de contravention. Mais le droit prétorien venait ici suppléer à l'insuffisance du droit civil par un moyen, qui pouvait aussi être employé dans les cas mêmes, où les modes du droit civil étaient applicables, les interdits utiles, donnés *utilitate suadente* par extension de leur destination originaire. Créés pour la *pos-*

sessio rei, tous les termes employés dans leur formule s'y rapportent, cette formule n'a pu être appliquée à la *possessio juris*, sans que sa rédaction fût modifiée.

PARTICULARITÉ DU FONDS PROVINCIAL AU POINT DE VUE DE LA GARANTIE DE LA POSSESSION

Cette possession, à laquelle les principes rigoureux du droit civil refusaient le titre de propriété, a fini par être garantie par une action réelle. En effet, celui qui est entré de bonne foi en possession d'un fonds provincial livré par un autre que le propriétaire, quoiqu'il ne puisse pas l'acquérir par usucapion, peut, après l'avoir possédé pendant dix ou vingt ans, opposer à l'action du propriétaire un moyen de défense appelé *longi temporis præscriptio*, et même peut-être le revendiquer lui-même, s'il en perdait la *possessio* (Justinien, L. VIII, pr. C. de prœscript. trig. an) Cela montre que, si les fonds provinciaux n'étaient pas susceptibles du *dominium ex jure Quiritium*, comme les autres choses *nec mancipi*, on reconnaissait cependant un *dominus*, ayant une action réelle, qui devenait inefficace contre celui qui avait possédé *longo tempore* et passait même à ce dernier, quoiqu'on ne regardât pas cette prescription comme une manière d'acquérir. Quelle était cette action réelle? en quoi différait-elle soit de l'*actio in rem civilis*, soit de l'*actio in rem publiciana*? C'est ce qu'il est impossible d'éclaircir avec le peu de documents qui nous restent sur ce point.

Le préteur trouvant une possession qui réunit toutes les conditions exigées pour arriver à l'usucapion, à laquelle elle ne peut arriver, parce que la chose n'en est pas susceptible, accorde une action réelle utile, la publicienne. De même que pour la propriété, il y avait le *dominium rei*, et la *possessio rei*, celui qui a l'action confessoire civile a le *dominium usûsfructûs* et celui à qui appartient la publicienne ou l'action prétorienne a seulement la *possessio usûsfructûs*. (Julien L. III, D. *si usus fr. pet.*) Les textes des Pandectes, qui parlent d'usufruit constitué par tradition, doivent être entendus dans le sens d'un usufruit constitué *jure prætorio* donnant lieu à une action réelle prétorienne. De même la loi III, D. *de usufr.* Par tradition, un usufruit peut être constitué sur toute espèce de fonds *tuitione prætoris*, avec action réelle prétorienne. C'est la seule action qu'on pourra avoir si le fonds est provincial. Cette observation s'applique aussi aux servitudes prédiales.

En effet on peut acquérir *quasi servitutem* au moyen de la tradition, lorsque quelqu'un permet à un autre d'exercer tel ou tel droit sur son fonds. Alexandre, L. III. C. *de servit et aqua*, 3, 34.

De même, au moyen de la *præscriptio longi temporis*, lorsque peut-être, sans avoir aucune *justa càusa*, j'ai exercé pendant longtemps un droit de servitude.

Ulpien, L. X, *pr. D. si serv. vindic.* Antonin Caracalla. L. I-II. C. *de servit.* Justinien L. XII, *in fine*, C. *de prescriptio longi temp.*

La tradition, comme mode de constitution de l'usufruit, était principalement usitée pour les fonds provinciaux ; assertion confirmée jusqu'à un certain point par le § 61 des frag. Vat. qui ne nous est parvenu qu'incomplet. Il est certain que le préteur donnait des interdits utiles et l'action publicienne au *possessor usûsfructûs*. Ulp. frag. Vat., § 90 et suiv. L XI, § 1 de *publiciana in rem act.*

La *præscriptio longi temporis* n'est pas une manière d'acquérir la propriété, c'est une forme de procédure employée dans bien des circonstances, surtout pour repousser le demandeur. Le nom de cette institution est tiré de la forme même qu'elle prenait dans les procès. Avant les trois parties ordinaires de la formule, le préteur en écrivait une autre, *præ scribebat*, et cette partie nouvelle avait pour objet soit de bien préciser la mission du *judex*, soit de subordonner l'examen de la formule elle même à la solution d'une question préalablement posée dans la *præscriptio*.

Cette *præscriptio* fut appliquée aux fonds provinciaux à une époque inconnue. Les magistrats eurent pour but de protéger ceux qui possédaient ces terres depuis longtemps, supposons un concessionnaire du peuple, qui abandonne le fonds provincial, qui lui avait été concédé, un tiers s'en met en possession, le revend à une autre personne de bonne foi, et celui-ci possède pendant longtemps. Après bien des années, le concessionnaire primitif change d'avis, il veut reprendre sa concession, il agit en justice et il doit triompher, car les fonds du peuple romain ne sont pas susceptibles d'usucapion, mais les préteurs déclarèrent qu'ils refuseraient l'action demandée dans de telles circonstances; ils considéraient le demandeur comme ayant fait l'abandon de son droit, alors la formule contiendra deux questions distinctes posées au *judex*. Dans la première placée en tête, *præscriptio*, le magistrat ordonne d'examiner si le défendeur a possédé pendant tel délai ; si la réponse est affirmative, tout est terminé, le demandeur est repoussé par refus de la formule. Si, au contraire, l'examen de la *præscriptio* établit que le délai fixé par l'édit ne s'est pas écoulé, le juge recherchera si le demandeur a réellement reçu la concession du peuple romain. Les *præscriptiones* étaient ordinairement désignées par l'objet que se proposait le magistrat. C'est pour cela que cette *præscriptio* avait été appelée *præscriptio longi temporis*. Avec le temps on appliqua la prescription même aux domaines italiques.

La prescription, comme l'usucapion qu'invoque celui qui a reçu une chose *a non domino*, exige une possession prolongée pour les immeubles pendant dix ans continus entre présents, et vingt ans entre personnes absentes, une *justa causa*, la *bona fides*. (L. II, IV, VI, IX, Code de *præscript. longi temp. L. unic. de usucap. transform.*)

Outre le délai qui n'est pas le même, puisque l'usucapion s'accomplissait pour les meubles par un an partout, et pour les immeubles par deux ans, en Italie seulement. (L. XI princip. T. VI, Instit.). Il y a deux différences fondamentales entre ces deux institutions : 1° Celui qui usucape se trouve dans la même position, où il serait, si le propriétaire de la chose la lui avait directement transférée, en conséquence, il acquiert la chose grevée des droits de servitude ou d'hypothèque, qui la grevaient entre les mains du précédent propriétaire. Au contraire, quand je puis invoquer la *præscriptio longi temporis*, ce n'est pas seulement contre le propriétaire, c'est également contre tous ceux qui prétendraient avoir acquis du chef des précédents propriétaires un droit réel sur la chose. Aussi, même au sujet d'un meuble ou d'un immeuble situé en Italie, pouvait-on avoir intérêt à se prévaloir de la *præscriptio longi temporis* plutôt que de l'usucapion. (L. IX, D. *de divers. temp. præscrip.*)

2° Quand je suis en train d'usucaper la chose que j'ai reçue *a non domino*, la revendication, que formerait contre moi le propriétaire, n'interrompt point mon usucapion, de sorte que je pourrai l'accomplir *inter moras litis*, et alors les droits par moi consentis à des tiers se trouveront parfaitement valables. (L. XVIII, D. *de rei vind.*). En matière de *præscriptio longi temporis*, il en est tout autrement. Le possesseur doit faire insérer dans la formule de l'action dirigée contre lui la *præscriptio* qu'il invoque. Il faut donc qu'il ait le temps de possession voulue au moment de la rédaction de la formule, lors de la *litiscontestatio* ou du *judicium acceptum*. Il lui est impossible de se prévaloir du temps pendant lequel il a pu posséder encore depuis ce moment là. (L. I, C. *de præscript. longi temp.* D. 10 *eod. tit.*).

DIFFÉRENCE DU FONDS ITALIQUE ET DU FONDS PROVINCIAL AU POINT DE VUE DE L'IMMEUBLE DOTAL

Le mari étant propriétaire des biens dotaux, la conséquence, c'est qu'il peut les aliéner comme bon lui semble. Cette conséquence a toujours été admise chez les Romains, en ce qui concerne les meubles, aussi voit-on dans plusieurs textes, que le mari peut affranchir l'esclave dotal, mais, sous Auguste, une loi *Julia de adulteriis* vint supprimer le droit du mari, en ce qui concerne l'immeuble dotal. *Dotale prædium*, dit Gaïus (Comment. II, § 63), *Maritus, invitâ muliere, per legem Juliam prohibetur alienare, quamvis ipsius sit vel mancipatum ei dotis causâ, vel in jure cessum vel usucaptum*. Si le bien dotal de la femme était un fonds provincial, le mari pouvait même, sans le consentement de la femme, aussi bien l'aliéner que l'hypothéquer. Semblable chose ne pouvait avoir lieu dans le *prædium dotale italicum*; si ce fonds était fourni au mari au lieu d'argent comptant, il en devenait propriétaire, d'après un rescrit de l'empereur Alexandre. (L. V, C. *de jure dot. Dioclétien et Maximien.* L. X, C. *eod. tit.*).

D'après les Institutes, la loi Julia ne se serait pas bornée à défendre au mari d'aliéner le fonds dotal, sans le consentement de la femme, elle aurait contenu une deuxième disposition, elle aurait défendu au mari d'engager ou d'hypothéquer le fonds dotal, même avec le consentement de la femme. *(Inst. pr. quib. alien. lic. vel non.* L. I. § 15. C. *de rei uxori act.)* Cette deuxième disposition en elle-même n'a rien que de raisonnable. La femme se faisant illusion sur les conséquences de l'hypothèque, y consentirait plus facilement qu'à l'aliénation, on peut présumer justement que le consentement qu'elle donne à l'hypothèque n'est pas donné en connaissance de cause, on peut le tenir pour non avenu. Mais cela se trouvait-il réellement dans la loi Julia? Nous pensons avec M. Demangeat (du *fonds dotal* 209 et suiv). que la défense d'hypothéquer le fonds dotal, même *consentiente muliere*, a été ajoutée postérieurement à la loi Julia. En effet, deux textes non susceptibles d'interpolation, celui de Gaïus 11, § 63, et celui de Paul, L. XI, T. XXI B, § 2, ne parlent que de l'aliénation. Les commissaires de Justinien ont remplacé par une affirmation le doute que Gaïus élevait sur l'extension de la loi Julia au fonds provincial. Ensuite, du temps d'Auguste, l'hypothèque n'était pas employée en Italie et l'admission du *pignus* proprement dit à cette époque est douteuse. Il est probable que cette règle a dû s'établir sous l'influence du sénatus-consulte Velléien qui défend aux femmes d'*intercedere*, de s'obliger ou d'obliger leurs biens pour autrui. Quand le *pignus* et l'hypothèque commencèrent à être usités, on dut y voir une *alienatio* dans le sens de la loi Julia, puis on en vit une également dans ce fait, que la femme, au lieu d'hypothéquer elle-même, a consenti que le mari hypothéquât le fonds dotal.

Justinien dit aux Institutes que la loi Julia ne s'appliquait qu'aux immeubles situés en Italie. Gaïus s'exprime en termes moins absolus: *quod quidem jus,* dit-il en parlant de l'inaliénabilité établie par la loi Julia, *utrum ad italica tantum prædia, an etiam ad provincialia pertineat, dubitatur.* Gaïus, dans la loi IV *de fundo dotali,* devait se demander à propos de l'édit provincial, si les *prædia tributaria vel stipendiaria* pouvaient être soumis à l'application de la loi Julia, ou si au contraire cette loi supposait que le fonds apporté en dot était nécessairement un fonds italique. Sans doute, dans le commentaire *ad edictum provinciale,* il se prononçait, tandis que dans ses Institutes, comme nous venons de le voir, il se borne à poser la question. Il semble bien, si nous devons nous en rapporter à Justinien, dans les textes cités plus haut que, d'après l'opinion qui avait prévalu, la loi Julia ne s'appliquait point au fonds provincial : on pourrait même croire d'après Justinien, que ce point était positivement tranché par la loi Julia, mais cela ne peut pas être admis depuis la découverte des Institutes de Gaïus. Il est probable que la loi Julia défendait simplement au mari d'aliéner l'immeuble dotal sans le consentement de sa femme et qu'alors des jurisconsultes, partant de l'idée que les particuliers ne peuvent pas être véritablement propriétaires des fonds provinciaux, par conséquent ne peuvent pas les aliéner, en avaient conclu, que la loi

Julia, qui parle d'aliéner, suppose un fonds italique, la seule espèce de fonds, qui soit susceptible d'une aliénation proprement dite, d'une transmission de propriété d'un particulier à un autre. On en était ainsi arrivé à dire que le mari qui reçoit en dot un fonds provincial, peut librement en disposer, comme s'il lui appartenait en propre, c'est-à-dire, faire passer à un tiers l'espèce de possession ou de jouissance, dont il est investi, et c'est seulement Justinien, qui, sous ce rapport, comme sous plusieurs autres, a définitivement mis sur la même ligne les fonds provinciaux et les fonds italiques.

Si la loi Julia a été reconnue applicable non-seulement au cas où le mari a *in bonis* le fonds, qui lui a été apporté en dot, mais même au cas, où il en a simplement la possession de bonne foi, il semble qu'on aurait dû l'appliquer aussi au cas, où c'est un fonds provincial, qui a été apporté en dot, de telle sorte que le mari ait acquis l'espèce de droit, que les particuliers peuvent avoir sur ces biens. Du temps de Gaïus, il y avait encore des doutes à cet égard, mais il paraît, d'après le témoignage de Justinien, qu'on était arrivé à déclarer la loi Julia non applicable aux fonds provinciaux. Il ne semble pas bien logique que le mari, qui a reçu en dot un fonds provincial, puisse à son gré l'aliéner, tandis que le mari qui aurait simplement la possession de bonne foi d'un fonds italique ne pourrait pas la transmettre à un étranger. Cette bizarrerie apparente peut s'expliquer ainsi. La loi Julia, en défendant au mari d'aliéner le fonds dotal, part de l'idée que ce fonds appartient au mari. On a étendu cette défense même au cas où le mari, étant *in causâ usucapiendi*, ayant une possession, qui, au bout d'un temps assez court, se convertira en véritable *dominium*, peut facilement dès aujourd'hui être considéré comme véritable propriétaire. D'ailleurs le but immédiat de la loi Julia, c'est de garantir à la femme, qu'à la dissolution du mariage, elle pourra se faire retransférer par le mari la propriété du fonds dotal, et d'assurer à la femme pour l'époque du divorce la propriété d'un fonds, le *dominium prædii*. Au contraire, un fonds provincial est apporté en dot. Il n'est pas susceptible de *dominium* au profit d'un particulier. Le mari acquiert une sorte d'usufruit, une possession, qui jamais ne pourra se convertir en propriété, ce serait faire violence au texte de la loi Julia que de l'appliquer à un droit d'une qualité si inférieure. Il ne s'agit pas pour la femme d'avoir, lors du divorce, le *dominium prædii*.

Nous trouvons une autre mention du fonds provincial dans la loi III du titre *De operis novi nuntiatione* au Digeste, qui s'exprime ainsi : *In provinciali etiam prædio, si quid fiat, operis novi nuntiatio locum habebit.* La dénonciation de nouvel œuvre était un moyen fort énergique et fort sommaire d'arrêter l'exécution des ouvrages qui paraissaient être de nature à porter atteinte aux droits des propriétaires voisins. Ce moyen juridique a des caractères particuliers.

Il tient de la *cautio damni infecti*, en ce qu'il est comme elle un moyen de protection contre un dommage futur, non contre un dommage consommé, il se rapproche des interdits et des actions négatoires en ce qu'il tend à prévenir des atteintes analogues à celles que les interdits et les actions négatoires ont pour objet de réprimer, mais il diffère des uns et des autres par les formes qui lui sont propres. A la différence des actions, des interdits et des stipulations prétoriennes, la dénonciation de nouvel œuvre ne supposait nullement la présence ni l'intervention soit d'un magistrat soit d'aucun officier public. C'était un acte purement privé (Ulpien, L. I, § 2. *de op. nov. nunt.)* comme l'*in jus vocatio*. Le dénonçant se transportait sur les lieux et déclarait s'opposer à la continuation du nouvel œuvre (Ulp.,L. V, § 2, 4, 7 et 15, Paul, L. VIII, § 1, *eod. tit.)*. Cette opposition s'opérait tantôt par une voie de fait symbolique *lapilli ictu* ou *jactu* (Ulp., L. V, § 10, *de oper. nov. nunc.* L. VI, § 1, *si serv. vind.)* tantôt par une simple déclaration verbale adressée soit aux voisins, soit aux ouvriers employés aux travaux, qu'on voulait arrêter. (Ulp., L. I, § 5, L. V, § 5, L. X, *de oper. nov*, Paul, L. XI, *eod. tit.*) La dénonciation de nouvel œuvre ne pouvait avoir lieu que pour des travaux en voie d'exécution. Quant aux ouvrages déjà terminés, il fallait recourir soit aux interdits, soit aux actions confessoires ou négatoires. (Ulpien, L. I, § 1, 8, 12, 13, *de oper. nov.)* Sur cette protestation, les travaux devaient être arrêtés à l'instant, sauf réclamation ultérieure devant le magistrat, si le propriétaire voisin pensait avoir le droit d'exécuter l'ouvrage par lui entrepris. (Ulpien, L I, § 7, et L. XX, § 1, 3, 4 *de oper. nov. nuntiat.)*

Si, au mépris de la *nuntiatio*, le voisin continuait le nouvel œuvre, un interdit restitutoire donnait au dénonçant les moyens de faire détruire tout ce qui avait été fait depuis la dénonciation (Ulp., L. XX, *de oper. nov. nunt.)* Le voisin ainsi arrêté dans ses travaux avait plusieurs voies pour faire lever l'obstacle. Il pouvait d'abord en référer au magistrat, faire juger que la dénonciation avait été faite à tort, et en obtenir la main levée. *(nuntiationis remissio)* (Ulp., L. I, § 9, *de oper. nov.*)

Il pouvait aussi obtenir de continuer le travail en donnant ou en offrant caution, tantôt par simple promesse, tantôt par *satisdatio* (Paul, L. VIII, § 2, 3, 4, *de oper. nov.*, Ulp. L. V, § 17, L. XXI, *eod tit.*) et alors il avait un interdit prohibitoire, qui le protégeait contre toute voie de fait de la part du dénonçant. (Ulp., L. XX, § 9, *de nov. op. nuntiat.)*

Mais alors s'élève la question que résout notre texte ? Quelles sont les personnes qui peuvent suivre cette procédure ? le jurisconsulte Ulpien répond. Les provinciaux peuvent faire dénonciation de nouvel œuvre. Voici quelle était la raison de douter. Les Italiens étaient propriétaires des fonds qu'ils possédaient, et pouvaient les revendiquer *jure Quiritium*, en conséquence, pouvaient suivre la procédure de la *nuntiatio*, mais les provinciaux n'étaient pas les vrais propriétaires des fonds qu'ils possédaient, c'était le peuple romain ou l'empereur.

Cependant, comme nous l'avons vu, la *præscriptio longi temporis* remplaçait pour eux l'usucapion, de même qu'une action spéciale remplaçait pour eux l'*actio in rem civilis*, on aura voulu appliquer à la *nuntiatio* l'extension donnée à l'action réelle.

LE FONDS PROVINCIAL AU POINT DE VUE DE L'IMPÔT

A une époque très-probablement postérieure à la guerre italique, l'Italie devint libre d'impôt foncier, numéraire et permanent. La seule charge analogue à l'impôt foncier qu'une partie de l'Italie eut à supporter, consistait en une prestation en nature, sous ce rapport cette contrée se divisait en *Italia urbicaria*, et *Italia annonaria*. La première était exempte de toute charge de ce genre, et la seconde y était assujettie, ainsi que l'indique son nom lui-même. L'*Italia urbicaria* correspondait à peu près à l'ancien *ager romanus*. Au contraire, l'obligation au tribut ou à l'impôt foncier était le caractère général de l'*ager provincialis*, mais la forme et le taux de cet impôt variaient suivant les circonstances, qui avaient entouré la conquête, ou suivant que l'ancien mode d'imposition publique avait paru avantageux à conserver.

Le système d'impôt dans les provinces était différent, suivant qu'il s'appliquait aux provinciaux proprement dits, aux peuples libres ou fédérés, aux colonies, enfin aux régions des cités dotées du *jus italicum*.

Peut-on appeler impôts les redevances, que la république romaine exigeait des provinciaux, lorsqu'après avoir incorporé leurs terres au domaine public *jure belli*, elle consentait à leur en rendre la possession, l'usage, et mettait à cette concession tel prix qu'elle voulait ? *(Cic. in Verrem* III, 6) ? C'était là un pur et véritable contrat semblable à celui qui intervenait entre le domaine et les citoyens concessionnaires à bail emphytéotique de la partie des terres provinciales, que l'on ne vendait pas aux habitants. Comme ceux-ci, ceux-là étaient aux droits de l'État propriétaire. Comme envers ceux-ci, en leur concédant des terres, l'État s'était engagé envers ceux-là, en les leur rendant, à les maintenir en possession, aussi longtemps qu'ils lui serviraient ses *vectigalia* , et il conservait également le droit d'expulser les uns comme les autres au cas de non-paiement, c'est pour cela qu'un même nom fut donné aux deux vectigals. *(Cicer. in Verr.* III, 6. T. Live XXXI, 13. *Cicer. ad. Att.* VI, 1, T. Liv. XLV, 18) et qu'une seule et même qualification fut appliquée aux fonds concédés en possession à des citoyens ou rendus à des provinciaux, *agri vectigales.*

Toutes ces redevances étaient généralement affermées aux mêmes publicains, qui en versaient le produit aux mains du même officier du trésor public.

Les *censoriæ locationes* pouvaient porter aussi bien sur les fonds rendus aux provinciaux que sur ceux concédés à bail aux citoyens, mais il y avait une première différence entre ces terres. Pour les terres de concession, la possession elle-même faisait l'objet de l'adjudication. Le concessionnaire, les conditions de la concession, le mode de paiement de la redevance, tout cela était déterminé par l'acte censorial, et, si les publicains étaient ensuite chargés de percevoir le *canon*, cela ne changeait rien à la condition du citoyen possesseur, qui n'était tenu que d'exécuter littéralement le contrat.

Pour les terres restituées, les possesseurs étaient connus d'avance, c'étaient les anciens propriétaires. Les conditions de la possession étaient déterminées par une loi antérieure à l'adjudication. Celle-ci ne portait donc que sur la redevance.

Deuxième différence. Dans les concessions, le taux de la redevance débattue amiablement ne pouvait jamais être excessif, mais, sur les terres restituées, il était fixé arbitrairement. *(Hygin. de limit. constit.* 118 *apud Goesi.)*.

Troisième différence. Les possesseurs des terres restituées, au lieu d'avoir à payer une quote-part des fruits et d'être ainsi soumis tous à une condition égale et bien déterminée, étaient, la plupart du temps, frappés en bloc d'une redevance collective en argent, mais cela n'était pas l'impôt. *(Cicer. in Verr. III,* 6, Ulp. *frag.* 27, *D. de verb. signif.)*

L'impôt n'était pas non plus la contribution de guerre proprement dite, c'est-à dire une obligation imposée par les Romains à un peuple vaincu de faire des prestations de denrées ou de verser des espèces monnayées jusqu'à concurrence d'une valeur ou d'une somme une fois fixée ou par paiements périodiques renouvelés jusqu'à une certaine époque. Ainsi les Carthaginois, T. Liv. XXX,37, et les cités vaincues de la Sicile. T.Liv. XXXI,31.

Un seul exemple réunit le caractère propre de l'impôt, c'est-à-dire que les prestations en argent ou denrées ne sont pas un loyer, car les détenteurs des terres en conserveront la propriété, et ces prestations seront à la fois fixes et perpétuelles. C'est la dîme, que les provinciaux payaient en Sicile. Toutes les terres, soit restituées à leurs anciens propriétaires à titre nouveau de simple possession, ou laissées au titre ancien et en pleine propriété, payaient également la dîme ; le vectigal ne les en dispensait pas, il fallait pour cela une clause spéciale d'immunité, on s'était conformé à l'ancien impôt de Hiéron pour la ferme et la perception. *(Cicer. in Verr. III, 6).*

Faisant abstraction du mode particulier de la perception, on peut étendre ceci à toutes les provinces, c'est-à-dire que les Romains assujettirent ces terres provinciales aux mêmes charges fiscales que leurs anciens propriétaires, mais il fallait: 1° que les Romains fussent complétement maîtres du pays, 2° que l'état antérieur de la fiscalité fût bien connu, or il n'y avait que l'Asie et la Sicile qui fûssent dans ces conditions. Quant aux autres provinces, on peut croire qu'on leur imposait une contribution pécuniaire en bloc représentant le loyer de la possession de leur terre et l'impôt, que doit tout sujet pour la levée des troupes, leur entretien, les taxes extraordinaires, les dons forcés aux gouverneurs.

Les peuples fédérés et libres ne payaient que l'impôt proprement dit, les colonies et les municipes, suivant qu'ils étaient romains ou latins, supportaient en règle générale les mêmes charges foncières et personnelles, que supportaient les citoyens romains ou les Latins.

ASSIETTE ET RÉPARTITION

Les provinces les plus maltraitées à cet égard étaient celles où la redevance possessoriale et l'impôt proprement dit étaient confondus en un seul *stipendium* dont la province entière était tenue en bloc. La répartition était abandonnée au plus complet arbitraire. Elle était faite par les percepteurs.

Quant aux provinces qui acquittaient séparément le *stipendium* de possession et l'impôt, c'étaient les errements du gouvernement renversé, qui donnaient la répartition, mais le *stipendium* n'était pas dans ce cas, or c'était le dernier, qui formait la charge la plus lourde.

Les provinces, dont le vectigal était payable en fruits aux mains des fermiers de Rome, étaient seules dans une condition meilleure, mais l'application en était également fautive.

PERCEPTION

Les contributions étaient prises à bail par des sociétés ordinairement formées de chevaliers appelés *publicani*.

DROIT D'EXACTION DES GOUVERNEURS

Sur les provinciaux pesait encore la contribution la plus lourde de toutes; un droit formel de vivre aux dépens des sujets et des alliés était accordé aux gouverneurs, et les taxes les plus arbitraires leur étaient permises, pourvu qu'elles n'amenâssent pas la révolte du peuple, qui y était soumis. C'était une conséquence de la gratuité des charges, les lois Julia et Calpurnia *repetundarum* ne purent porter remède au mal. Auguste réforma ces abus en donnant aux redevances et aux impôts une assiette fixe. L'équité fut prescrite aux agents percepteurs des taxes, et la justice et la modération aux gouverneurs des provinces. Quant aux redevances, on représenta aux *possessores,* qu'il s'agissait de renouveler leurs titres et de les rendre à jamais inattaquables.

De cette réforme, il y a une partie qui s'étend à tout l'empire, l'autre ne s'applique qu'à la province dont Auguste s'était réservé l'administration spéciale. Le recensement général des habitants et le cadastre général des terres se rapportait à la première classe. Le but général de ces mesures était d'asseoir fixement les impôts, redevances, tributs, toutes les prestations quelconques et surtout de bien déterminer la condition de chaque terre, en rétablissant sur toutes celles qui appartenaient au domaine public cette vieille empreinte du sceau de l'État que les efforts des possesseurs avaient effacée en beaucoup de lieux et altérée partout.

La distinction de l'*ærarium* et du *fiscus* subsista toujours. Ainsi le montant des impôts de chaque classe de provinces était versé dans l'*ærarium*, l'autre, dans le *fiscus*. Néron seul remplaça les questeurs du trésor par des préfets *ad hoc*. Ce fut la première tentative faite pour confondre l'*ærarium* et le *fiscus*, mais l'ancien état de choses subsista en entier au temps de Marc-Aurèle, juridiquement parlant.

Auguste se fit céder par l'État à toujours la propriété des terres publiques provinciales; dès lors les *vectigalia* furent perçus par ses officiers, qui n'étaient pas des officiers publics, mais des intendants du domaine privé, *procuratores*. Gaïus dit expressément (Com. II, 7) que les terres provinciales dans les provinces de l'empereur appartenaient à ce dernier.

Une mesure générale fut le cadastre, qui reçut une forme double. Appliqué aux terres provinciales que l'État s'était réservées en toute propriété et jouissance, et dont il avait concédé certaines fractions aux colonies et aux colons, le but du cadastre était de garantir le domaine public ou impérial contre les usurpations des concessionnaires et le déplacement des limites.

Pour y parvenir, on procéda à un arpentage exact de toutes ces terres d'après les anciens titres, et les concessionnaires furent ramenés à la lettre de leurs concessions et consolidés dans leur droit. Les terres assignées aux colons vétérans ou bourgeois, *agri divisi et assignati,* et dont ils étaient alors propriétaires incommutables, l'*ager* attribué à chaque colonie et les régions publiques à l'entour et sur lesquelles les colonies empiétaient, *subcesiva,* furent délimités rigoureusement. On dressa les *divisionum commentarii,* procès-verbal où chaque opération était racontée et décrite, et les *agrorum formæ,* plan topographique indiquant les limites de chaque domaine ou possession. Ces plans fragmentaires tracés sur le bronze furent réunis en un travail d'ensemble et reliés en un livre d'airain, *tabularium principis,* qui fut déposé et conservé avec les procès verbaux dans les archives impériales; *sanctuarium principis (Hygin., ap. Goes.* p.74, 116, 193). Mais cette mesure n'atteignait pas les deux fractions les plus considérables des terres provinciales, l'*ager* libre des villes libres ou fédérées et les *agri vectigales* rendus aux provinciaux ou abandonnés à la possession des citoyens.

La réforme d'Auguste paraît n'avoir été généralisée et n'être devenue le droit commun des provinces que vers le temps de Marc-Aurèle. A cette époque, tous les fonds provinciaux, c'est-à-dire les *agri vectigales redditi* ou *possessorii,* acquittaient leurs redevances en argent, *stipendium, tributum,* (Ulp. L. 27, 1° D. de verb. signif.). et ces terres avaient reçu à raison de cette circonstance le nom de *stipendiaria et tributaria prædia,* en sorte que celui d'*agri vectigales* fut désormais réservé exclusivement aux terres des cités romaines de province, *agri co-*

lonici vel municipales (*Simplicius apud Goes*, 76,) que leurs propriétaires concédaient à bail emphytéotique.

Le cens institué par Auguste servit aussi à l'assiette de l'impôt foncier, dont toute terre était tenue à moins d'immunité expresse. Chaque propriétaire y faisait lui-même la déclaration de ses biens, de leur contenance, de leur mode de culture, il en disait même la valeur, il faisait connaître le nombre de ses esclaves, leur âge, leur profession.

Ce renouvellement, qui d'abord n'eut lieu qu'à des intervalles assez éloignés, finit par se régulariser au temps des jurisconsultes classiques (Ulp. fr. 4. 8° D. de censib.).

L'impôt foncier était dû par toute terre non expressément exemptée ou par une déclaration formelle d'immunité ou par suite de la concession du *jus italicum*. C'est ici que nous devons étudier ce sujet, qui a donné lieu à tant de conjectures. En effet les grands historiens et les grands orateurs gardent le silence à son égard. Un passage contesté du commentateur *Asconius Pedianus (ad orat. in Pisonem)*, deux textes de Pline le naturaliste (Hist. nat. III. 19-25) une loi isolée du Code Théodosien (1 T. XX) un titre du digeste(L.T. xv. frag. 1, 6, 7, 8) une constitution d'Honorius et de Théodose au Code de Justinien, Code XI, T. XX) enfin une inscription recueillie à Vienne en Dauphiné (Gruter D,XLII, 7) tels sont les seuls documents, qui nous restent sur ce droit obscur. Cependant c'était une faveur importante, puisqu'il fallait l'accorder à la ville de Constantinople pour la mettre au niveau de Rome.

Trois questions se présentent au seuil de la matière. A quelle époque ce *jus italicum* a-t-il commencé ? Trois solutions se présentent. Celle de *Sigonius*, qui lui donne une origine antérieure aux guerres puniques, et le considère comme une conséquence des divers traités accordés isolément aux différentes nations de l'Italie (*de jure antiquo Italiæ,* 1. 21). cette opinion fut admise sans contestation jusqu'à Niébuhr.

Deux autres solutions viennent alors, celle *d'Onofrio Panvini* Ch. x 1, p. 363 c. De son énumération des différentes espèces de villes et de citoyens, entre lesquels était divisée l'Italie au moment de la guerre sociale, il faut conclure qu'avant cette guerre, il n'y avait pas une condition uniforme pour l'Italie.

Jacques Godefroy dans son commentaire du Code Théodosien, rapporte le commencement du droit italique à l'époque, où l'Italie tout entière reçut le droit de cité et cessa d'être assujettie aux tributs. Mais Niebuhr fut le premier qui sapa vigoureusement le droit italique de *Sigonius* : *l'existence,* dit-il dans son histoire romaine, trad. fr. T. VI. p. 405., *d'un droit italique particulier et défini n'est qu'un rêve des modernes.*

Troisième solution plus radicale; point de droit italique sous le gouvernement républicain, même après la guerre sociale ; ce privilége date de l'Empire et des réformes financières d'Auguste(Turnebe adversaria IV.

15). C'est probablement le système de Cujas, qui ne paraît pas supposer l'existence d'un autre *jus italicum* que celui de l'empire (observat. X. 5)

Enfin Le P. Hardouin voit dans le droit italique l'ancien droit du *Latium*. (not. ad Plin. III, 3.)

Sur la nature du *jus italicum* se sont produites deux opinions principales.

La première considère ce privilége comme analogue au droit de cité et latinité, et le rapporte à l'état des personnes seulement; Sigonius, Pitiscus, Beaufort (Livre VII Ch. II p. 216) Heineccius. Antiq. roman. ed. Haubold 310, M. Ortolan.

Le second système sur la nature du droit italique ne voit dans ce droit qu'un privilége, qui ne s'accordait qu'à des territoires et non à des particuliers. Il compte parmi ses adhérents Cujas, Godefroy, Turnèbe et surtout MM. de Savigny et Giraud.

De quels éléments se composait le *jus italicum* ?

Ici paraissent deux écoles. Sigonius et les autres modernes font deux époques dans son histoire, l'une, à laquelle ils appliquent les textes de Pline et du Digeste, ce qu'on pourrait appeler l'époque impériale, et l'autre, qu'on pourrait appeler la période républicaine, dont ils ont puisé les éléments dans les écrivains de la république. Voici ceux que Sigonius a prétendu constater *de jure antiq. provinc.* 21. 1° les Italiens ne jouissaient pas du droit quiritaire et conservaient, comme les Latins, leurs lois anciennes 2° ils ne supportaient pas d'autres impôts que les Latins et ceux-ci payaient les mêmes contributions que les Romains; 3° ils avaient le même droit de milice que les Latins; 4° ils obéissaient à leurs propres magistrats et non pas aux Prêteurs romains; 5° ils étaient inférieurs aux Latins en ce qu'ils ne pouvaient pas comme eux arriver à la cité, soit par l'exercice de leurs magistratures, soit en remplissant certaines conditions légales.

Beaufort accorde aux anciens Italiens une immunité complète et la jouissance de certains droits, par rapport aux contrats de vente et d'achat et à la prescription, qui étaient particuliers aux Romains (T. XI p. 218.)

M. Walter leur attribue deux démembrements considérables du droit de cité, le *commercium* et le *connubium* avec certaines facilités pour obtenir ce droit tout entier. (Histoire du droit romain. Livre I chap. XXVI). tandis que M. Macé leur refuse la faculté de devenir jamais citoyens romains avec la plénitude des droits civils et politiques attachés à ce titre. (Lois agraires p. 513.)

Ceux qui ne placent qu'après la guerre sociale l'origine du *jus italicum* en trouvent les éléments dans le Digeste et les Codes.

D'après eux, le droit italique confère : 1° l'immunité complète de l'impôt personnel et foncier; 2° certains priviléges relatifs aux aliénations, mancipations, usucapion, exception annale et autres actes, qui pouvaient se faire dans les colonies italiques d'après le même droit que sur le sol de l'Italie. A ces deux priviléges, MM. de Savigny et Giraud en ajoutent un troisième, c'est la liberté politique. Les cités favorisées du *jus italicum*, sont, dit l'historien du droit romain au moyen âge, les seules villes provinciales, où l'on voie jusque dans les derniers temps des magistrats ayant une juridiction.

Examinons maintenant ces différents système.

D'abord sur les questions de l'origine.

L'opinion de Sigonius n'est pas formulée d'une manière claire. « Des divers traités accordés par les Romains aux « États de l'Italie et plus ou moins favorables suivant « les mérites des différents peuples, découla, à ce que je « pense, un droit uniforme, qui fut appelé droit italique, « parce qu'il devint commun à la plus grande partie des « Italiens. » De même celle de Beaufort, p. 217 218. Ce qui affaiblit complétement ce système, c'est l'absence complète de texte dans les documents antérieurs à l'Empire, à l'égard du nom, ou à l'égard des éléments, qu'on veut y comprendre. D'abord l'immunité d'impôts, mais comment expliquer deux textes, celui do Tacite (ann. XI22) dit formellement, que l'Italie devint tributaire, et un autre, où Tite Live (L. XXX. 16) parle de cités libres qui ne jouissaient pas de l'immunité ? Le second élément est le droit de milice, mais les partisans de ce système reconnaissent eux-mêmes que tous les peuples n'étaient pas à cet égard sur le même pied.

Le troisième élément serait une indépendance complète, en vertu de laquelle les Italiens auraient conservé leurs lois et leurs magistrats et même n'auraient pas été soumis, comme l'étaient les provinciaux, aux proconsuls et aux prêteurs. Sigonius reconnaît qu'il a contre lui le témoignage d'Appien, qui parle formellement de proconsuls administrant l'Italie, passage confirmé par Tacite. (Ann. IV. 27.) Nous voyons dans Aulu-Gelle X, III 17., que les décemvirs d'une ville italique sont battus de verge sur l'ordre d'un gouverneur. En présence de ce fait, comment donner l'autonomie comme un privilége spécial de l'Italie et un des éléments constitutifs du *jusitalicum*? MM. Ortolan et Walter accordent plusieurs démembrements du droit de cité romaine, ainsi le *commercium* et l'aptitude de leur territoire à la propriété quiritaire. Il ne serait pas impossible que certains peuples de l'Italie eussent obtenu cet important privilége, mais les preuves apportées par ces auteurs ne sont pas assez concluantes. Elles consistent dans l'expression *sociis ac nominis latini* employée par Tite Live (Livre XLI. 8.) mais s'applique-t-elle à d'autres qu'aux Latins et peut-être aux Péligniens et aux Samnites? C'est ce qu'on ne saurait savoir. Quant au *connubium*, les alliés d'Italie ne l'eurent jamais d'une manière si générale, et l'on peut se demander d'après plusieurs passages de Gaïus (Com. I. 56. 79) si les Latins l'avaient eux-mêmes obtenu. Enfin M. Walter, qui accorde aux Italiens le droit d'arriver au titre de citoyens romains par leur établissement à Rome, s'appuie sur le texte obscur, dont nous avons fait mention.

Avant la guerre sociale, nous pensons donc qu'il n'a pas existé de droit italique particulier et défini, mais a-t-il au moins pris naissance, après que la loi Julia eût accordé le droit de bourgeoisie à l'Italie tout entière? En effet à cette époque toute la Péninsule arriva à une condition uniforme, mais l'absence de tout témoignage dans la littérature antérieure à l'Empire, et le fait qu'aucune des colonies fondées avant la dictature de César n'est nommée comme ayant joui du droit italique est probant. D'ailleurs l'immunité paraissant être le principal élément du *jus italicum* n'a dû s'appliquer hors de l'Italie, qu'au moment où il y eut, sous le rapport des impôts, une différence bien tranchée entre la Péninsule et les provinces, or ceci n'arriva que sous Auguste, mais cet empereur songea lui-même à faire cesser cette exclusion pour quelques colonies provinciales, et ce jour là naquit le *jus italicum* en tant que droit abstrait applicable hors de la Péninsule. Beryte en Phénicie et Foraugusta en Espagne furent les premières cités associées aux priviléges de l'Italie. (Ulp. fragment. L D. L XV. Pline III 19.)

L'opinion de *Sigonius*, quant à la nature du *jus italicum*, a été victorieusement réfutée par MM. de Savigny et Giraud. La latinité était un état civil ; le *jus italicum*, un état territorial, un statut réel. Ici il y a unanimité des commentateurs à reconnaître que, sous l'empire, l'exemption des impôts directs et la capacité quiritaire du sol étaient les prérogatives essentielles renfermées dans le *jus italicum*. Cujas seul s'élève contre cette idée et prétend qu'il n'en est pas ainsi, parce qu'il y a des colonies provinciales qui n'ont pas reçu le *jus italicum* et qui sont exemptes (X. 5.) et il s'appuie sur l'obscurité de certaines expressions employées dans le Digeste. Vespasien, dit le jurisconsulte Paul. (loi 8, de *censibus*) a fait une colonie de Césarée sans ajouter qu'elle aurait le *jus italicum*, mais il lui remit le tribut, et son fils Titus interpréta que le sol avait été aussi rendu exempt. Césarée, dit Ulpien (L. I. § 6 Cod. tit.) n'avait pas le *jus italicum*, donc, en conclut Cujas, une colonie pouvait, sans avoir le droit italique, être exempte de l'impôt direct et par conséquent ce droit et l'immunité étaient deux choses différentes. Il corroborait ce raisonnement de deux passages de Pline l'ancien. Pline III. 3. 4. 25.

Jacques Godefroy a combattu avec un grand succès ce système (ad Cod. th. I, titre XX). Il s'appuie sur la place, que le privilége occupe dans le Digeste, sur le titre des ouvrages, d'où sont extraits les textes qui le concernent, enfin sur le langage de Paul qui emploie indifféremment à plusieurs reprises les mots *jus italicum* et *immunis*. Mais on ne peut suivre Godefroy quand il soutient que le *jus italicum* et l'immunité doivent marcher ensemble, car Ulpien, dans le texte cité plus haut, refuse expressément à Césarée le *jus italicum* , cependant elle est exempte de tout impôt direct.

Après l'exemption de l'impôt direct, venait l'assimilation du sol au sol même de l'Italie. Toutes les lois qui furent successivement faites au sujet des immeubles d'Italie leur étaient applicables, ainsi la loi Cincia et celles Julia et Papia, comme nous l'avons vu précédemment. Il serait curieux de savoir si d'autres lois faites aussi pour l'Italie, mais qui n'avaient pas rapport au droit réel concernaient les colonies italiques, par exemple la loi Furia sur les *sponsores* (Gaïus III. 122.) et les sénatus-consultes, qui ordonnaient aux sénateurs et même aux citoyens de placer une partie de leur fortune dans les terres d'Italie (Tacite, ann. VI. 17. Plin. Ep. VI. 19). Malheureusement les textes connus ne nous fournissent aucune lumière sur ce point intéressant. M. de Savigny veut ajouter un troisième privilége, l'organisation indépendante des cités italiques, la possession de duumvirs, quinquennales, ediles, et surtout d'une juridiction municipale (histoire du droit romain p. 63), et par conséquent établir deux catégories de cités provinciales, absolument différentes, les unes, avec une ombre de régime municipal, les autres, parfaite image des véritables cités italiennes.

Le grand romaniste invoque quatre preuves principales. La première est l'expression de *italicæ coloniæ rempublicam* employée par Ulpien (fragm. I. § 2. Dig. *de cens.*) pour désigner l'état d'une colonie italique, mais d'abord le Code Théodosien emploie cette même expression pour désigner toute espèce de cité municipale (C. Th. L. XII. T. II. L. I) *debitor reipublicæ civitatis*, enfin *Festus* (v° *præfectura*) s'en sert, en parlant des préfectures, genre de cités, qui n'avaient ni duumvirs, ni juridiction municipale.

La seconde preuve de M. de Savigny est tirée du témoignage des médailles, qui représentent un Silène debout, et qui appartiennent à plusieurs cités provinciales ayant le *jus italicum*; or cette figure est précisément le symbole de l'indépendance municipale, mais on objecte, que, parmi les douze villes, il n'y en avait que six, qui eûssent incontestablement le *jus italicum*, la présence de Silène sur les monnaies de certains peuples prouvant seulement que ces peuples jouissaient d'une constitution libre, mais non que cette liberté fût un des éléments du *jus italicum*.

En troisième lieu, M. de Savigny fonde sa théorie sur plusieurs lois d'Honorius relatives à la Gaule, et principalement sur une constitution de 409. Dans les Gaules, « les *principaux*, dit cette constitution, ne sortiront pas « de la curie sans avoir passé quinze ans dans l'adminis- « tration de leur ordre. Comme il est convenable que des « hommes éprouvés occupent la place de *principal* et « tiennent le gouvernail des villes, la curie élira, sans « préjudice de l'ordre, des hommes qui puissent répon- « dre à l'attente de tous. Quant à celui qui, étant arrivé « au second rang, ne pourra à cause de son âge ou de sa « faiblesse, occuper le premier, il obtiendra le témoi- « gnage de ses services, comme s'il avait gouverné la « curie en qualité de *principal* pendant le temps voulu. (C. Th. XII. T. I. L. 171.)

M. de Savigny conclut de cette loi, que le principal présidait la curie, et qu'on ne saurait concevoir l'existence simultanée du *principal* et des magistrats, car ces derniers rendent inutile et même impossible la présence du *principalis* (Hist. du droit 67.), mais cette impossibilité prétendue n'est pas démontrée; car les villes mêmes de l'Italie nous présentent des *principales*. (Cic. ep. 13, L. XIII. Valer. Max. IX. 3. n° 8.) Les lois 19. T. XXX. Livre XI.-L. 2 Tit IX, Liv. II. Livre XII. tit. I. L. CXXVII. Cod. Th. nous montrent la coexistence des magistrats municipaux et des *principales*, dans l'Orient, lois 39. 177. T. I. Liv. XII au même Code pour la préfecture d'Illyrie, les lois 21-29-84. 1-2. du titre de *Decurionibus* même Code pour l'Occident, Loi 151 T. I, L. XII. C. Th. pour la Gaule, enfin Antioche, qui n'a pas le *jus italicum* d'après Paul, ne devrait avoir que des *principaux* et elle a des duumvirs (Ulp. fr. I, § 4), tandis que Palmyre, colonie italique, était gouvernée par un prince de la curie, (Treb. Pol. Sext. Ruf. Breviar.)

Enfin M. de Savigny cite comme dernière preuve l'organisation des temps postérieurs où l'on trouve fréquemment des défenseurs et jamais des duumvirs. Mais ce fait prouverait seulement la dissolution du régime municipal à la fin de l'Empire, et non l'absence des duumvirs, à l'époque où la domination romaine était encore florissante. Et faut-il croire que l'édit de Caracalla, en donnant le droit de cité à tous les habitants de l'empire, a détruit d'un seul coup toutes les administrations locales? Ce n'est pas croyable en présence des textes d'Ulpien (frag. 1, § 2. D. L. T. I.). et de Gaïus fr. 29. id.

En résumé, le *jus italicum* n'a été connu qu'après l'incorporation, pour ainsi dire, de l'Italie avec Rome par les lois juliennes; il n'a été concédé qu'à des cités et non à des individus, qui pouvaient cependant s'enorgueillir d'une prérogative précieuse. Il n'était accordé qu'aux citoyens romains, et les colonies, pour le recevoir, devaient renoncer, si elles n'étaient pas déjà colonies, à leur droit civil et à leurs lois, en un mot le peuple devait devenir *poputus fundus* (Ulp. fr. 1. D. L. Titre XIII. Gell.). Ce n'était point un droit bien commun, Ulpien nous parle seulement de quelques territoires, et l'on n'en trouve qu'une trentaine dans le Digeste.

Le *jus italicum* ne conférait pas aux villes le droit d'avoir des magistratures municipales, mais il donnait, en premier lieu, l'immunité complète des impôts directs, ensuite il assimilait leur sol pour tous les effets civils au sol même de l'Italie.

Malgré tous ces avantages particuliers, malgré la protection que les empereurs accordaient aux provinces, les fonds de terre, tout étendus qu'ils fûssent, allèrent toujours en s'avilissant. On peut en trouver plusieurs causes, d'abord l'éloignement de Rome, ensuite la condition de la population agricole, enfin le manque de sécurité. (Juv. sat. XIV 151.) Le malheureux dégoût de la propriété territoriale, qui se produisit avec tant d'énergie sous Constantin, existait déjà depuis longtemps, et des lois sévères avaient été inefficaces pour augmenter le prix des propriétés, on avait voulu attacher violemment l'homme à la terre, pour assurer la culture; on voulut de même fixer violemment les capitaux à la terre, pour donner faveur à la propriété, et ce dernier acte est le complément des efforts désespérés tentés par l'administration romaine pour rendre à la propriété foncière son antique valeur. Des constitutions impériales et des sénatusconsultes, qui ont disparu des compilations du droit romain, avaient prescrit aux capitalistes d'employer au moins les deux tiers de leur fortune en acquisition d'immeubles (Suét. Tib. 48. 49.)

Les confiscations arbitraires, les sentences de mort furent prodiguées dans les Gaules, en Espagne, en Syrie et dans la Grèce (Suét. ibid.) pour raviver par la violence le goût et la valeur de la propriété. Cette nouvelle pensée fut si malheureuse, qu'après quelques odieux essais, on fut obligé d'y renoncer. Sous Trajan, il y eut quelques améliorations, mais particulièrement dans les terres voisines de Rome. C'était une pensée politique, qui dictait cet accroissement de valeur. Trajan voulut que tout candidat à une magistrature justifiât qu'il possédait un tiers de son patrimoine en biens-fonds italiens. Cette prescription fit renchérir sur-le champ les propriétés, mais en même temps que le sol talien y gagnait une augmentation de prix, le sol des provinces y perdait le peu de prix qu'il avait, car tous les ambitieux d'emplois publics se hâtaient d'y vendre leurs biens pour les remplacer en Italie. Antonin obligea les sénateurs à employer un quart de leur fortune en biens italiens (Capitol. XI). Mesure impuissante: dans le temps même où une soudaine cherté semblait atteindre les biens-fonds, on voit dans Pline le Jeune, (Epist. III. 19. Epist. IX, 37; X. 24.) la condition fâcheuse où en sont réduits les propriétaires. Le mal allait toujours croissant : pour le combattre, une révolution économique eût été nécessaire. Qui pouvait l'entreprendre et surtout la faire réussir? Alexandre Sévère y échoua. Ce fut peut-être une des causes qui amenèrent la translation de l'empire à Constantinople, mais bientôt les fonctionnaires impériaux s'abattirent sur les campagnes, et l'œuvre de désolation, semblable à un ulcère, s'étendit autour de la capitale du nouvel empire, dont elle atteignit bientôt les extrémités, spectacle que nous offrent la Perse et les monarchies asiatiques, qui attendent un maître occidental pour les régénérer. Les constitutions impériales attestent l'avilissement des terres éloignées (Pline, histoire nat. L. XVII.), *latifundia*, tandis que les villes et les jardins suburbains montaient à des prix excessifs.

La petite propriété était partout à la discrétion de la grande. Les terres d'Afrique dans la Byzacène rendaient en une année la valeur du prix d'achat, et personne ne se présentait pour les acheter.

L'ancienne distinction des choses en *res mancipi* et *res nec mancipi*, qui tenait aux mœurs les plus intimes des anciens Romains, dut s'oublier, alors que Rome perdit sa prééminence sur toutes les parties de l'empire.

En même temps durent s'effacer les différences, que l'ancien droit établissait entre les immeubles selon leur situation, même déjà avant que Justinien n'eût assimilé complétement les fonds provinciaux aux fonds italiques, la condition de ces deux espèces de terre tendit à se rapprocher. L'Empereur Maximin de l'an 235 à l'an 238 paraît avoir transporté à l'Italie le système d'impôts appliqué dans les provinces, d'après un texte d'Aurélius Victor, qui a donné lieu à de grandes controverses. *Hinc denique parti Italiæ invectum tributorum ingens malum. Nam cum omnis eadem functione moderataque ageret, quo exercitus atque imperator, qui semper aut maxima parte aderant, ali possent, pensionibus inducta lex nova. Quæ sane illorum temporum modestia tolerabilis, in perniciem processit his tempestatibus* (de Cæsar. c. 39.)

Nous ferons d'abord remarquer que le mot *pars Italiæ* signifie ici non une partie de l'Italie, mais la contrée, le pays d'Italie. Le mot *pars* est souvent employé dans ce sens *Justiniani sanctio pragmatica c. II. Etiam per partes Italiæ obtinere* etc. *Ducange v° pars.*

M. de Savigny, dans sa dissertation sur le système des impôts chez les Romains analysée par M. Pellat. Themis 1830. p. 257 X, explique ainsi ce passage. « C'est alors pour la première fois qu'on in-
« troduisit en Italie le fléau des impôts, car, au lieu
« des prestations de fruits, uniformes et modérées, que
« l'Italie acquittait auparavant, et qui étaient destinées à
« l'entretien des troupes et de l'Empereur (c'est-à-dire
« de la Cour Impériale) qui résidaient constamment, ou
« du moins le plus ordinairement en Italie, ce pays fut

« soumis à un nouveau régime par l'introduction des « impôts. A la vérité, cette charge fut d'abord supporta- « ble, à cause de la modération, qui régnait encore dans « ce temps-là, mais aujourd'hui elle s'est élevée à un « taux accablant. » Telle est la traduction de ce passage par le savant romaniste prussien.

Mais Manso, dans son histoire de l'Empire des Ostrogoths en Italie page 386, repousse cette explication. Il conteste au mot *pars Italiæ* le sens que lui donne M. de Savigny, et entend ces mots dans le sens de *sors*, partie tombée au sort dans le lot de Maximien. On ne doit pas non plus sous entendre le mot *Italia* avec *omnis*. Le mot *functio* ne désignerait pas une contribution en nature, mais devrait être rattaché à *pensionibus inducta lex nova*. Cet historien explique l'immunité antérieure de l'Italie par la nécessité où se trouvait l'empereur de se transporter fréquemment aux extrémités de l'empire, mais l'Italie en vint à posséder un empereur particulier, qui eut une armée sous ses ordres, cet accroissement de dépenses amena une contribution: il résulte que le relatif *quæ* se rapporte non pas à *functio* mais à *nova lex*. Les impôts établis par Dioclétien et Galerius étaient modérés; mais Constantin et ses successeurs les augmentèrent incroyablement.

M. de Savigny répond à l'objection tirée du mot *pars* entendu comme *sors*, que l'Afrique fait partie du lot de Maximien et que cependant il n'en est pas question dans le passage d'Aurélius Victor.

Déjà à l'époque indiquée par cet auteur, on voit que l'immunité de l'Italie urbicaire a cessé. Le mot *functio* désigne toute espèce d'impôt, mais peut également s'entendre dans le sens de redevance en nature.

L'Italie fournissait auparavant soit des *tributa* soit des *pensiones* en argent, mais des contributions en nature peuvent avoir été fournies, explication confirmée par les mots: *quo ali* etc., qui indiquent la nécessité ou l'emploi de cette *functio*, tandis que, si on les rattache à *pensiones*, on a une construction embrouillée et difficile.

Quant à la circonstance que l'Empereur et son armée étaient retenus loin de l'Italie, et n'avaient pas besoin de percevoir d'impôt, on ne peut pas admettre que ç'ait été un état permanent. D'ailleurs le César laissait toujours sa famille et son entourage, enfin l'Italie ne pouvait être dégarnie complétement de troupes (de Savigny, mélanges II. p. 110.)

Nous croyons cette explication plus conforme au sens grammatical et historique du passage d'Aurélius Victor.

D'après cette citation, on doit considérer le changement survenu en Italie, non comme un effet de la cupidité des empereurs, mais comme une conséquence inévitable de la division de l'Empire. Avant cette division, les impôts furent supportés d'une manière constante par les provinces sans qu'elles fûssent trop surchargées ; l'Afrique ne pouvant supporter à elle seule le fardeau de l'impôt, il fallut que l'Italie y contribuât; l'immunité italienne disparut. Quoique la division de l'empire ne fût pas permanente, l'habitude était trop favorable au trésor pour qu'il la laissât tomber en désuétude, d'autant plus que le respect, que l'antique monde romain portait à l'Italie, s'évanouissait de jour en jour.

Il est certain que, du temps de Dioclétien, avant que Justinien n'eût aboli la différence entre les fonds provinciaux et les fonds italiques, de simples particuliers sont considérés comme ayant le *dominium* ou la propriété sur des fonds provinciaux. Nous voyons en effet ces deux termes consacrés pour désigner la propriété pleine et entière employés dans trois textes, qu'on ne saurait accuser d'interpolation. Ce sont les §§ 283—315—316 des *fragmenta vaticana.*

L'*ager romanus* et le *fundus italicus* perdirent insensiblement leur vieux privilége et le droit des *fundi provinciales* devint le droit commun, le seul droit connu et pratiqué.

Parmi les *fundi* des provinces, une distinction établie par l'administration des empereurs payens, celle des *prædia stipendiaria* et *tributaria*, cessa aussi d'exister.

De ces changements opérés dans la nature des choses en découlèrent d'autres d'une haute importante dans l'essence même du droit de propriété et les modes d'acquérir. L'ancienne dualité du droit de propriété *ex jure Quiritium et in bonis* fut aboli, ou plutôt la propriété du droit des gens fut désormais l'unique espèce reconnue de droit de propriété, parce qu'elle était propre dans l'ancienne législation aux fonds provinciaux, et le *jus Qui-*

ritium ne fut plus qu'une énigme, dont on dédaigna même (Constit. Code J. *de nudo jure tollendo*) de rechercher l'explication.

Mais, en même temps, un contrat qui opérait une autre sorte de partage de la propriété en deux droits distincts, l'emphytéose devint d'un usage bien plus fréquent qu'auparavant. Les modes d'acquérir la propriété, qui étaient particuliers aux *res mancipi*, à l'*ager romanus*, au *fundus provincialis*, tombèrent nécessairement dans l'oubli, lorsque ces diverses sortes de choses perdirent le rang privilégié, que leur attribuait l'ancien droit, ainsi les formalités symboliques de la mancipation furent bientôt complétement ignorées, ainsi encore l'usu capion dut laisser s'établir à côté d'elle la prescription de dix ou vingt ans anciennement propre aux fonds des provinces. C'est aussi vers le même temps que paraît avoir pris naissance la prescription de trente ans sans titre ni bonne foi. (Code, liv. VII, T. 39. Const. 2, mais il existe une réforme de Justinien, qui se rattache aux fonds provinciaux, et qui a donné lieu à de très-grandes controverses.

RÉFORMES DE JUSTINIEN

D'après l'opinion généralement admise, l'usucapion aurait été transformée par Justinien dans sa loi unique au Code de *usucap. transform.* (VII, 31) de telle sorte qu'elle n'aurait plus fait qu'une seule institution avec la prescription. Les auteurs qui embrassent cette opinion s'appuient: 1° sur les Basiliques. Le livre 50, qui a pour titre *de longi temporis præscriptione quantitateque temporum, quibus possessor usucapere potest.*

2° Dans tous les livres du Digeste, du Code, des Institutes et des Novelles publiés après la loi *de usucap. transform.* l'usucapion est désignée sous le nom de *præscriptio.*

L. 21 *de usurp, D.*

L. 54 *de evictionib.*

L 5 *C. fini. regund.*

L. 1 *C. comm. de usuc.*

L. *ult. de præscript. longi temporis.*

§ *Ex his Instit. de usucap.*

Novelle 119.

3° On appelle de la même manière la possession de long temps.

Rubrique et texte: *Instit. de usucap. et longi temporis possessionibus.*

4° Dans les rubriques qui concernent l'usucapion, il s'agit aussi de *præscriptio.*

45 *D. de usurp.*

1 *C. comm. de usucap.*

5° A l'inverse, sous les titres qui concernent la *præscriptio,* il s'agit d'usucapion.

L. 5. L. 11. *L' ultim. D. de diut. temp. præscript.*

6° La prescription a été introduite pour les *prædia provincialia* qui ne pouvaient être usucapés, mais depuis cette loi *un. de usucap. transform*, ils peuvent être acquis par la prescription.

C'est une preuve que l'usucapion s'est confondue avec la prescription.

7° Justinien déclare dans sa *Constitution* qu'il a transformé l'usucapion.

8° L'empereur déclare que dans cette Constitution *ampliatur quidem longi temporis materia,* c'est-à-dire que les effets de la *præscriptio* ont été augmentés par l'usucapion transformée en *præscriptio.* Ajoutez à ceci l'autorité des Grecs, qui, après la mort de Justinien, ont exposé la législation de Justinien dans la même ville, à Constantinople L'empereur Léon dans les Basiliques L. 50. titre II. *de lon. temp. præscript. quantoq. tempore possessor usucapere possit*, où l'usucapion se confond avec la prescription.

Malgré la force de ces raisons, nous ne pouvons adopter cette opinion par les raisons suivantes :

Si la confusion dont parle l'opinion contraire avait eu lieu réellement, ou elle aurait été réciproque, comme celle des legs et fideicommis (L. 2 C. *comm. de legat*), ou elle aurait été simple, alors il y aurait eu une des institutions qui eût disparu. Or aucun de ces changements ne peut s'induire de la loi unique *de usuc. transform.* parce que 1° cela n'est pas exprimé dans cette loi; 2° sa rubrique au contraire indique qu'on ne parle pas de la prescription.

Justinien non-seulement dans les livres du Digeste,

mais même dans ceux du Code où se trouve la loi *usuc. transfor.* continue à examiner dans des titres séparés les effets de l'usucapion et de la prescription. Or tout le contraire a lieu pour les legs et fideicommis, qui, après avoir été assimilés par la loi I. D. *de legat.* ont depuis été mis sous la rubrique. *De legatis et fideicommissis.*

La prescription n'a pas été transformée en usucapion. En effet la rubrique de la loi de *usuc. transf.* ne parle que de la transformation de l'usucapion et non de la prescription.

Cette dernière a gardé ses propres titres séparés de ceux de l'usucapion.

L'usucapion n'a pas été transformée en prescription. En effet, si l'Empereur avait converti l'usucapion en prescription, il aurait diminué notablement les droits de l'usucapion, car la condition de la prescription est inférieure, elle ne confère ni le *dominium ex jure Quiritium*, ni les actions directes, et cependant Justinien ne songe qu'à augmenter l'usucapion *quoad loca et tempora.*

Si l'usucapion eût été transformée en prescription, l'empereur eut détruit toute mention de l'usucapion dans ses ouvrages et aurait toujours employé le nom seul de prescription; ce qui a eu lieu à l'égard du S. C. Pegasien transformé en Trébellien, en effet il a toujours employé le mot de Trébellien.

Justinien n'aurait pas attribué à l'usucapion des titres séparés de ceux de la prescription. Or, après la loi de *usuc.*

transform. il nous présente toutes les anciennes différences existant entre les deux institutions. Elles diffèrent donc.

Qu'a fait Justinien ?

D'abord quant aux choses immobilières il a fait deux dispositions.

1° L'usucapion aura lieu pour les fonds provinciaux, tandis qu'autrefois elle se réduisait à s'appliquer aux fonds italiques.

2° Elle s'accomplissait au bout de deux années, elle n'aura lieu maintenant qu'après un plus long temps.

Mais l'usucapion entraînait d'autres conséquences que celles concernant le temps et le lieu.

1° C'est un mode d'acquisition du *dominium*.

2° Elle fait acquérir les biens du mineur, sauf peut-être les *prædia rustica* ou *suburbana*.

3° Elle fait acquérir la propriété *ipso jure*.

L'usucapion n'a été transformée expressément par Justinien que *quoad tempora et loca*. L'usucapion a conservé plusieurs de ses effets. Seulement pour ces deux effets il a confondu les deux institutions.

D'abord *quoad loca*.

La preuve en est dans les termes suivants: *cum communes exceptiones in omni loco valeant*, etc., *satis inutile visum est usucapionem in italicis quidem soli rebus admittere, in provincialibus autem recludere.*

Quoad tempora :

Voyez les mots suivants: *ut in his omnibus casibus ab*

initio eam bona fide capiat secundum quod exigit longi temporis præscriptio.

Justinien a lui-même expliqué son intention dans ce passage des *Institutes princip. titre de usucap. Nobis melior sententia resedit ne domini maturius suis rebus defraudentur neque certo loco beneficium hoc concludatur* (où il présente la transformation opérée dans l'usucapion au point de vue du temps ou du lieu) *et ideo constitutionem super hoc promulgavimus, quâ cautum est, ut res quidem mobiles per triennium, immobiles vero per longi temporis possessionem usucapiantur*, etc. Il dit *per longi temporis possessionem et* non *præscriptionem.* Il ajoute *usucapiantur*, parce qu'en somme l'usucapion n'a pas cessé de s'appliquer aux choses immobilières.

Donc, à part ces 2 différences, les autres sont restées.

Les passages des jurisconsultes, qui parlent de la prescription admise pour les fonds provinciaux, doivent être entendus de deux manières, dans deux sens.

Le premier, sens ancien et correspondant à la pensée du jurisconsulte, c'est que ces mots s'appliquent à la prescription admise pour les fonds provinciaux, qui, en cette qualité, ne pouvaient être usucapés.

L'autre sens plus récent et accomodé aux vuès de Justinien. Ces mots doivent se référer à ces cas où les fonds provinciaux admettent la prescription, non pas parce qu'ils sont provinciaux et incapables d'être usucapés; depuis la constitution de Justinien, ils peuvent l'être, et sous ce rapport la prescription est devenue inutile : preuve L. II

C. *in quib. ca. cess long. temp.*, *præscrip.*, mais parce que, quoique susceptibles d'être usucapés *sua natura* ils ne peuvent l'être à cause de quelque empêchement spécial, ainsi les fonds d'une cité provinciale, le *jus piscandi in diverticulo fluminis*, les *res vacantes fiscoque incorporatæ*. (L. II C. *ubi in rem actione.*)

L. 3. C. *de his quæ vi met. caus.*

(L. 5. C. *de reb alienis non alienandis.*)

Dans ces cas et quelques autres, le remède de la prescription supplée à l'usucapion qui fait défaut.

Maintenant nous allons répondre aux arguments de l'opinion contraire.

1° De ce que Tribonien, écrivain grec, a employé l'expression *de præscriptio longi temporis* au lieu d'usucapion des choses immobilières, il n'en faut pas conclure que la *præscriptio* et l'usucapion ont été confondues. Le mot *præscriptio*, outre son sens strict, était entendu *lato sensu*. Dans ce sens on comprenait très-facilement l'usucapion elle-même. La *præscriptio* ne signifie-t-elle pas exception? Qui ne voit que l'usucapion est une espèce d'exception, par laquelle *l'usucapiens* se défend à perpétuité et se maintient dans la propriété de la chose usucapée? Des auteurs grecs Isocrates (Archidam.) Platon (Livre XII des lois) Denys d'Halycarnasse (vie d'Isocrates) ont désigné l'usucapion sous le même nom d'exception ou de *præscriptio* parce que par l'usucapion de même que par la prescription proprement dite, on acquiert une exception et la sûreté de la possession. L. IV *de usuc. pro empto.* L. I, C. *de usuc pro donat.* L. I, C. *comm. de usucap.*

On peut répondre au second argument :

La *longi temporis possessio* est très-différente de la *præscriptio longi temporis* et signifie *stricto sensu* l'usucapion des choses immobilières, car autrefois l'usucapion proprement dite s'appliquait aux choses mobilières et immobilières. Puis Justinien, en transformant par sa constitution l'usucapion, pour pouvoir distinguer par des mots spéciaux ces deux espèces d'usucapion, a réservé le mot ancien aux choses mobilières et a attribué à celles des choses immobilières le nom de possession de long temps.

De là dans les Institutes le titre *de usucapionibus et longi temporis possessionibus.* La première partie se réfère aux choses mobilières, la deuxième, aux choses immobilières, mais il ne s'y agit nullement de *præscriptio* aussi dans la loi *de usucap. transform.* lit-on ces mots: *Immobiles vero per longi temporis possessionem usucapiantur* qui n'assimilent pas la *longi temporis possessio* à la prescription, mais à l'usucapion.

Au troisième argument on peut répondre: sous les titres concernant l'usucapion, ou il ne s'agit pas de prescription, pourquoi Tribonien, dans le Digeste et le Code, aurait-il disjoint les titres *de usucap.* et *præscriptionibus*, ou bien c'est une négligence du compilateur. Dans la loi 21 *de usurpat.* D. le mot de *præscriptio* a été employé par Tribonien dans le sens d'usucapion d'une chose immobilière.

La loi 45, *eod. tit.* D. parle, il est vrai, de la prescription elle-même, mais elle a été mise par inadvertance par les compilateurs, car ils ne voulaient pas mettre sous ce titre un traité sur la prescription, mais bien sous ce titre *de divers. temp. præscription.* comme le démontre la comparaison des deux titres.

Ce qui a été écrit dans la loi 45 précitée a été transporté par les compilateurs comme dans un lieu plus convenable dans la loi 7, D. *de diu. temp. prescrip.*

On sait combien il y a de lois mal placées dans les livres du Digeste et du Code. Voudra-t-on qu'à cause d'une seule mention de la prescription faite sous le long titre du Digeste de *usurp.*, Justinien ait traité de la prescription, parce qu'il a confondu toute usucapion des choses immobilières en prescription ?

Dans loi 1, C. *commun de usucap.* ces mots *longæ possessionis præscriptio adquiritur* sont interpolés par Tribonien, qui à l'ancienne usucapion biennale a très-souvent substitué la *præscriptio longi temporis*, ou bien ils ont été insérés par lui sous ce titre, parce que cette première partie de cette constitution *qui ex conducto possidet, quamvis corporaliter teneat, non tamen sibi, sed domino rei creditur possidere* était commune aussi à toutes les usucapions.

Au quatrième argument notre réponse est la suivante: Si on traite sous le titre du Digeste *de diu. temp. præscrip.* aussi de l'usucapion, cela provient de ce que la rubrique est ainsi conçue. *De diversis temporalibus præs-*

criptionibus et de accessionibus possessionum, et à cette dernière partie de la rubrique, qui évidemment est commune aux usucapions et prescriptions, appartiennent les textes. L. 5, L. III. L. *ult. Dig. eod. tit.*

Le cinquième argument reçoit cette réponse : Si la *præscriptio* avait lieu auparavant à l'égard des fonds provinciaux, cependant elle était appliquée dans beaucoup de cas en Italie.

Mais, et ceci est capital, quoique Justinien dans la loi *de usuc, transform.*, ait appliqué l'usucapion aux fonds provinciaux, cela a été fait sans confusion de l'usucapion et de la prescription, comme je crois l'avoir démontré.

Mais répondons au sixième argument : L'Empereur Justinien a transformé l'usucapion, mais il ne l'a pas confondue avec la prescription. La transformation a consisté en ce que, pour les choses mobilières, la durée a été étendue à trois ans ; pour les choses immobilières, *ad longum tempus*, ensuite que les choses immobilières provinciales ont été usucapées.

On répond que par la loi *de usucap. transform.* on n'a pas étendu les effets ou la durée du temps de la *præscriptio*, mais on a étendu la matière du long temps, parce que le long temps auparavant s'appliquait à la prescription tandis que depuis on l'a appliqué à l'usucapion : tel est le sens de ces mots : *ita etenim ampliatur quidem longi temporis materia, quæ ei subdita est*, c'est-à-dire qu'on a étendu l'institution soumise au long temps, c'est-à-dire l'usucapion des choses immobilières.

Enfin de ce que l'empereur Léon dans ses basiliques L. 50, tit. 11. a confondu l'usucapion avec la *præscriptio longi temporis,* comme s'il se conformait à la pensée de Justinien, ceci nous semble une erreur, en présence des preuves que nous avons apportées contre l'opinion contraire.

DROIT FRANÇAIS

DROIT FRANÇAIS

NOTIONS PRÉLIMINAIRES

Il est permis de contracter en pays étranger, ou, du moins, d'y faire tous les contrats qui sont du droit des gens.

Quels sont les obstacles, qui peuvent s'y opposer? une loi locale interdisant certains actes aux étrangers, ou la loi du pays de l'étranger lui interdisant de faire certains actes hors de sa patrie. Même, dans ce cas, la nullité absolue ne frappe pas cet acte, s'il est fait en contravention à une loi locale, seulement il ne pourra être mis à exécution dans le pays où il a été fait, mais rien ne s'opposera à ce qu'il porte effet partout ailleurs. Supposons que, permis par la loi locale, il soit défendu par la loi personnelle de l'étranger, cet étranger, qui ne pourra l'invoquer dans sa patrie, pourra le mettre à exécution dans un autre lieu. Lors donc que des contrats ou des actes sont faits en pays étrangers, leur validité en eux-mêmes ou quant à leur objet, doit être appréciée suivant les principes généraux du droit des gens ou du droit naturel, sauf l'application des lois civiles, qui les modifient.

Mais les actes et les contrats, même dans les cas où l'écriture n'est pas de leur essence, ont cependant besoin de recevoir une forme, qui les constate en les matérialisant et fasse foi de l'accomplissement des conditions requises. Cette forme, tantôt intrinsèque et tantôt extrinsèque, varie suivant les lieux et suivant les lois. Il en est de même de l'effet des actes.

La matière de notre travail se divisera donc en deux parties : forme des actes faits en pays étranger, effets de ces actes.

DE LA FORME DES ACTES

Le principe général en cette matière est que la forme des actes est régie par la loi du lieu dans lequel ils ont été faits ou passés. *Locus regit actum*, mais cette maxime ne doit pas être prise dans toute sa généralité. C'est avec raison que, dans la rédaction définitive de l'art. 3 du Code Napoléon, on a repoussé le projet qui en faisait une disposition légale sans en indiquer ni l'esprit ni la portée.

Lors de la rédaction du Code civil, le gouvernement avait proposé une disposition ainsi conçue : *La forme des actes est réglée par les lois du lieu, dans lequel ils sont faits ou passés.* Cet article fut attaqué comme étant inutile, par rapport aux actes passés en France, attendu que la forme des actes était aujourd'hui la même dans toute la France. On ajoutait que, si l'article ne se référait qu'aux actes passés en pays étranger, le législateur sortait du cercle où il devait se renfermer, parce qu'il ne lui appartenait pas d'étendre son pouvoir au delà du territoire français ; qu'il conviendrait donc de se borner à dire que les actes faits par des Français en pays étranger sont valables, lorsqu'on a observé la forme prescrite par les lois du pays, où ils ont été passés mais que, dans cette hypothèse, la rédaction de l'art. proposé était trop générale, puisqu'on pouvait prétendre y trouver par exemple la validité d'un acte de mariage, qu'un Français mineur irait faire exprès, sans le consentement de son père, dans un pays régi par le concile de Trente. C'est par suite de ces observations que le gouvernement ne reproduisit pas l'article dont il s'agit, en présentant le second projet, qui a été adopté ; mais, comme le fait observer Merlin (répertoire de jurisprudence v° Loi, § 8. n° 8.) : « Le conseil d'État, tout en retranchant cette disposition, n'a pas laissé de la considérer comme énonçant, réduite à son véritable et seul objet, à la forme extrinsèque des actes, une de ces maximes tellement notoires, qu'elles n'ont pas besoin de la sanction expresse du législateur, lequel en a lui-même appliqué les conséquences dans les art. 47, 999 et art. 170, (M. Fœlix 85.)

Des législations étrangères ont cru devoir reproduire

cette maxime purement et simplement. (Loi prussienne part. 1, T. V, § 3. « La forme d'un contrat sera jugée d'après les lois du lieu où il aura été passé. (Loi Hollandaise 15 mai 1829 art. 10. « La forme de tout acte est régie par les lois du pays où il a été fait, ou sous condition de réciprocité. (Code civil, Sarde, art. 1418.) Les actes et contrats passés à l'étranger, suivant les formes qui y sont prescrites, ont la même force que celle qui est accordée dans ce pays aux actes et contrats passés dans les États s'en remettant à la doctrine et à la jurisprudence du soin d'en assigner les limites et d'en déterminer le sens.

La règle *locus regit actum*, sans être entrée dans notre Code comme disposition spéciale, a été admise par lui dans plusieurs articles: art. 47, 170, 999. Son fondement, sa raison d'être est la nécessité des relations sociales. La bonne foi, l'intérêt commun, qui ne permettent pas de réduire les Français en pays étranger, ou les étrangers en France à ne pouvoir point faire les actes dans lesquels une formalité quelconque serait requise, s'applique-t-elle seulement aux actes authentiques ou bien aussi aux actes sous seing privé? En France, la loi exige, pour certains actes, des formalités spéciales; ainsi l'art. 334, C. Nap. demande l'authenticité pour la reconnaissance de l'enfant naturel; l'art. 931, un acte notarié en minute, pour la donation entre-vifs ; l'art. 1394, un acte notarié pour le contrat de mariage.

Un Français qui se trouve dans un pays qui permet de faire ces actes sous seing privé pourra-t-il procéder conformément aux lois du pays, ou devra-t-il faire faire un acte dans les conditions exigées par sa loi personnelle? D'après M. Duranton, la règle *locus regit actum* ne s'applique qu'aux actes publics et non aux actes sous signatures privées. (T. I, p. 56.)

Cette règle fondée sur la nécessité, ainsi que nous l'avons expliqué plus haut, ne doit agir que dans les limites de cette nécessité. La loi française exige un acte public, nos officiers publics peuvent seuls remplir les formalités de nos actes publics, mais ceux de l'étranger pourront les suppléer. Telles sont les raisons de ce système.

Sans doute, ne pas admettre cette doctrine, c'est permettre à des Français de faire quelquefois des actes dérogeant aux dispositions expresses de nos lois. Malgré ces raisons, nous croyons que la règle *locus regit actum* s'applique même aux actes sous seing privé. En effet cette règle concerne la forme des actes. Quelle différence y a-t-il entre l'acte authentique et celui sous seing privé? Une différence de forme. La forme sous seing privé dans un pays qui l'admet pour tel ou tel acte doit équivaloir à la forme authentique exigée par nos lois. Si l'officier public étranger qui n'est pas compétent pour faire cet acte refuse d'y procéder, il faudra bien y procéder sous la forme sous seing privé.

Enfin il faut admettre que la règle *locus regit actum* s'appuie sur la bonne foi, l'équité, l'intérêt public. L'étranger qui contractera avec le Français ne pourra procéder que d'après la loi de son pays, et ne pourra jamais éviter de tomber dans le piége tendu à sa bonne foi. (Cour de Paris 21 mai 1816, Sirey 1817, II, 10, Paris 22, nov. 1828. Sirey 1829, II, 77. Cass. 6 février 1843, Dev. 1843, I. 209.)

D'autres arrêts vont jusqu'à reconnaître un mariage, même en l'absence d'un acte écrit, lorsque le pays où il a été contracté n'exige pas cette condition. (Cas. 20 décembre 1841. Dev. 1842. II. 321.)

Du moment qu'il y a dol, les magistrats pourront refuser la validité à un acte passé à l'étranger dans ces conditions, parce que la règle *locus regit actum* n'a pas été insérée dans nos lois, dans le but de laisser aux magistrats une certaine liberté d'appréciation. (Zach. Aubry et Rau I. p. 97. G. Massé. Observat. D. 1857. I. 81: Demol. de l'effet et de la public. des lois, I. 119.)

La seconde question qui se présente est celle-ci:

La règle *locus regit actum* est-elle impérative ou simplement facultative?

Un étranger a fait en France un testament olographe, qui ne serait pas valable en ce pays par suite de l'inobservation de l'art. 970, mais qui serait valable d'après la loi personnelle de l'étranger.

L'acte sera-t-il valable en France?

La question très-controversée dans l'ancien droit, généralement tranchée dans le sens impératif et absolu (Ricard. Don mutuel. n° 307. Boullenois part. II. T. II. chap. I. observ. 34. Merlin Répert. T. XVII. 1° testam. section II. § 4. art. II), est également tranchée dans ce sens par la jurisprudence moderne. (25 mai 1852. D. 52. II. 11. 289; Cass. 9 mars 1853. Dev. 53 I. 274; Coin Delisle sur l'art. 999. N° 6.) Doit-on en conclure qu'il faut étendre cette règle au testament fait en France par un étranger? Zachar. Aubry et Rau T. I, p. 100. Nous avons résolu cette question plus loin dans un sens contraire.

Cette réciprocité n'est pas nécessaire, comme nous le verrons au sujet des testaments.

Les formalités usitées en pays étranger ne suffiraient pas, s'il s'agissait d'un acte soumis par la loi française à des conditions, qui ne pourraient être efficacement accomplies qu'en France; ainsi la donation entre-vifs d'un immeuble situé en France, faite en pays étranger, serait soumise à la formalité de la transcription, art..939, lors même que la loi étrangère ne l'exigerait pas.

Il faut ensuite déterminer le sens de cette locution : Lieu du contrat. C'est celui où l'acte matériel qui contient la convention des parties a été rédigé et signé; celui où est intervenu le consentement réciproque des parties. Cependant la loi 21, *de obligat. et action.* D. semble indiquer que c'est le lieu où il doit recevoir son exécution. *Contraxisse unusquisque in eo loco intelligitur, in quo, ut solveret, se obligavit*; mais, d'après les meilleurs interprètes, cette loi sert seulement à expliquer cette règle, en vertu de laquelle le juge du lieu, où un contrat a été passé, est compétent pour connaître des actions, auxquelles ce contrat donne lieu entre les parties contractantes. (L. XIX, § 2. et L. XLV *de judiciis*. D.) Elle signifie seulement que, sous le rapport de la compétence, le lieu de l'exécution ou du paiement doit être considéré comme le lieu du contrat même. (Brunemann, sur cette loi *Commentarii ad Pandectas*).

D'autres accordent à cette loi un sens plus étendu et veulent qu'elle se rapporte à certaines conséquences de l'acte, qui sont régies par la loi du lieu de l'exécution; mais tous sont d'accord pour dire que le lieu du contrat est celui où l'acte est devenu parfait, et pour puiser dans la loi de ce lieu toutes les règles, qui doivent être prises dans la loi du lieu du contrat. (Merlin. Repert. T. XVI, p. 649.)

Il peut arriver que les parties, en contractant dans un lieu, aient agi en certains cas, comme si elles étaient dans un autre, par exemple dans le lieu indiqué pour l'exécution, et auquel elles se reportaient mentalement, et alors il peut être vrai de dire, quand il s'agit d'apprécier l'acte, que le lieu du contrat n'est pas celui de sa rédaction matérielle, mais celui de son exécution.

DIVISION DES FORMALITÉS.

Les formalités des actes, en quelque lieu qu'ils soient passés, peuvent être considérées relativement à la capacité des contractants, ce sont les formalités *habilitantes*; relativement à la nature ou à l'objet du contrat, ce sont celles intrinsèques; relativement aux solennités et conditions, qui tiennent moins à son essence qu'à sa forme, ce sont celles extrinsèques.

Merlin (repert. v° Loi 36. n° 17. T. XVI. 695) en admet une quatrième espèce, les formalités d'exécution, telles que l'enregistrement, la mise en grosse etc, mais on peut les considérer jusqu'à un certain point comme formalités extrinsèques.

FORMALITÉS OU CONDITIONS HABILITANTES

Elles ne peuvent, en aucun cas, dépendre de la loi du lieu, où l'acte est fait, mais seulement de la loi personnelle aux parties contractantes. La loi, qui défend au mineur, à la femme mariée, de contracter, s'ils n'y sont pas habilités par certaines formalités préalables, les suit en pays étranger. Ici la règle « *locus regit actum* » reste sans application.

CONDITIONS INTRINSÈQUES

Il faut distinguer celles qui tiennent à la nature même du contrat de celles qui tiennent à son objet.

Parmi les premières, on peut ranger le consentement des parties dans tous les contrats, la chose et le prix dans la vente, la tradition de la chose prêtée dans le prêt, la valeur fournie dans un contrat de change. Ces formalités ou conditions, sans l'accomplissement desquelles il n'y aurait pas de contrat, ne peuvent dépendre d'une législation plutôt que d'une autre, parce que, dans quelque lieu qu'on contracte, ces formalités sont nécessairement les mêmes. Il ne peut y avoir de différence que dans la manière, dont l'acte constate leur accomplissement, mais c'est alors l'interprétation du contrat qui fait juger de sa validité, bien que, d'après l'art. 1159 C. N., ce qui est ambigu dans une convention doive s'interpréter par ce qui est d'usage dans le pays, où le contrat est passé, on ne peut pas dire cependant que l'application de cette règle soumette l'acte à une loi locale et particulière, quant aux conditions, qui tiennent à sa nature même, aux principes généraux du droit et aux règles du sens commun.

Les autres formalités intrinsèques, qui tiennent à l'objet du contrat, ne sont pas non plus régies par la loi du lieu, où le contrat est passé, alors du moins qu'elles se rapportent au statut réel, ainsi une constitution d'hypothèque consentie en pays étranger sur des biens situés en France ne sera valable que si elle est faite par acte authentique.

La loi de la situation régit également la disponibilité des biens, la forme des actes translatifs de prodriété, soit à titre onéreux, soit à titre gratuit, règle générale à laquelle l'art. 990 du Code Nap. a fait une exception nécessaire en matière de testament, en permettant au Français qui se trouve en pays étranger de faire ses dispositions testamentaires par acte authentique avec les formes usitées dans le lieu où l'acte est passé (Code Russe, art. 656-657, art. 32 royaume de Grèce 11-23 février 1830) : cette matière étant importante, nous nous y arrêterons pendant quelque temps.

DES TESTAMENTS FAITS EN PAYS ÉTRANGERS.

Les lois, qui confèrent aux membres d'une nation le pouvoir de disposer de leurs biens par testaments, sont des lois personnelles et de capacité, qui les suivent partout même en pays étranger. Il n'en est pas de même des formes dont les testaments doivent être revêtus, elles tombent sous l'empire de la règle *locus regit actum*, maxime qui subsistait sous l'ancien droit, et les testaments faits en pays étranger suivant les formes établies dans ce pays ont été constamment regardés comme valables en France (Ricard, *Donation part.* 1re n° 1295. Pothièr, *Donat. Testam.* Ch. I, art. 2, § 1) de même les testaments faits en France dans la forme française par des étrangers avaient, dans le pays des testateurs, la même force que s'ils y eussent été reçus suivant la forme locale.

Les gouvernements ont trouvé dans les traités un moyen encore plus efficace de protection pour les nationaux en voyage ou en résidence dans les autres pays, dans l'établissement des consuls, agents à la fois des relations commerciales, officiers de l'état civil entre les nationaux, juges de leurs contestations, auxquels ont été adjoints des officiers, qui, sous le titre de chanceliers, (ordonnance de 1681. L. I, T. IX, arrêt du cons. 3 mars 1781, ord. du 12 mars 1781, concernant les registres de l'état civil, et les actes de donations et testaments dans les échelles du Levant; (Convention entre la France et les Etats-Unis d'Amérique du 6 novembre 1788) remplissent les fonctions de secrétaire, greffier, de notaire, d'huissier même, et remplacent ainsi à l'égard des nationaux les officiers ministériels, qui, dans la patrie, exercent des fonctions séparées.

L'ordonnance de la marine (Liv. Ier, Tit. IX, art. 24) conférait expressément à ces chanceliers le droit de recevoir les testaments dans l'étendue du consulat, et ces testaments reçus par le chancelier en présence du consul et de deux témoins, signés d'eux, étaient réputés solennels. C'était une loi générale et indépendante des traités; si les traités ne permettaient pas au moins implicitement aux Français de tester par devant le consul et le chancelier du consulat, le testament ne pouvait avoir aucun effet sur les biens du territoire étranger, mais il produisait ou devait produire son effet en France comme émané d'officiers publics institués par le roi pour donner la forme solennelle aux actes faits par des Français. Il semblerait que les particuliers, au moins ceux qui n'étaient pas illettrés, avaient en pays étranger un moyen sûr de se soustraire à l'observance des formes locales, était d'y faire un testament olographe. C'était l'avis de

Ricard, en son traité du *Don mutuel*, n° 306, où, après être convenu qu'il faut avoir égard au lieu où l'acte a été passé, il dit « que cette maxime, qui, en général, ne « reçoit aucune difficulté dans notre usage, doit être « limitée dans l'espèce du testament olographe, d'autant « que le testateur en est le seul ministre, et le carac- « tère qu'il a pour cet effet étant attaché et inhérent à « sa personne, il l'emprunte seulement de la Coutume, « laquelle a empire sur lui, qui est celle de son domicile, « et, comme c'est une faculté personnelle, qui ne peut « se détacher de lui, il la porte en quelque endroit qu'il « aille, elle l'accompagne en quelque lieu qu'il se trouve « aussi bien que la faculté de tester, qui lui est donnée « par la loi de son pays, et qu'il n'aurait pas par la Cou- « tume du lieu où il se rencontre, et ainsi un testament « olographe fait en pays de droit écrit qui n'en admet « pas l'usage, par une personne domiciliée sous la Cou- « tume de Paris, qui les reçoit, serait valable pour la « forme, de même par la raison des contraires, si une « personne du pays de droit écrit, se trouvant par hasard « à Paris, y faisait un testament olographe, il ne pour- « rait pas avoir d'exécution, ce particulier ne pouvant « pas emprunter une faculté personnelle d'une Coutume, « qui ne gouverne pas la personne, s'agissant en cette « occasion d'une capacité qui doit se rencontrer en lui, « puisqu'il est le seul ministre de l'acte, laquelle dépend « de la loi de son domicile, joint qu'autrement une per- « sonne du pays de droit écrit ayant été une fois pendant

« sa vie dans les provinces coutumières, il serait en sa « liberté de faire fraude aux lois de son pays en antida- « tant sa disposition, les écritures privées n'ayant pas de « date ni de lieu certain. »

La question était encore décidée en ce sens par le président Bouhier (sur la Cout. de Bourgogne ch. XXVIII, n° 20). et par Boullenois (Tr. des statuts réels et personn. 2° part, du tit. II. ch. III, observ. 34.) Mais cette opinion était contraire aux textes de l'ordonnance de 1735, car les art. 29 et 35 permettaient à l'armée et en temps de peste les dispositions olographes, les art. 32 et 37 exigeaient les renouvellements des dispositions faites à l'armée et en temps de peste, sans distinguer entre le testament olographe et les autres dans les six mois, à dater du jour où le testateur pouvait remplir les formes ordinaires ; au contraire, ces articles ne dispensaient de renouvellement, qu'autant qu'on aurait observé dans lesdits actes les formes requises de droit commun dans le lieu où ils auraient été faits, ce qui n'admettait la validité permanente du testament olographe qu'autant qu'il était de droit commun dans le lieu où il avait été fait, quelle que fût d'ailleurs la loi du domicile du testateur.

C'était aussi contraire à la jurisprudence, car longtemps avant l'ordonnance, le parlement de Paris avait annulé un testament olographe, un qu'homme domicilié à Paris avait fait à Bruxelles, où la forme olographe était inconnue, bien qu'admise au domicile du testateur (arrêt du 10 mars 1620. Merlin repert. 1° testament sect. II. § 4. art. 2.) et un autre testament fait sous la forme olographe à Rome, où elle n'était point admise (arrêt du 14 juillet 1722.) Journal des audiences t. 7. et un acte de notoriété du Chatelet du 13 septembre 1702 atteste qu'il était de maxime à Paris de ne consulter que la loi du lieu du testament pour juger de la validitě des testaments olographes, comme on ne consultait que la loi de la situation des biens par la restriction des dispositions. On a suivi les mêmes principes depuis l'ordonnance. Ainsi un testament olographe fait à Paris par M. Milon, évêque de Valence (arrêt du 15 juillet 1777, ancienne *Gazette des tribunaux*) et celui de M. Brunel membre de la convention, domicilié à Beziers, fait à la conciergerie de Paris le 15 brumaire an XI (Rejet 28 prairial an XIII) ont été déclarés valables, quoiqu'ils ne fûssent pas admis par les lois du domicile, et deux arrêts de la Cour de cassation ont déclaré nul le testament olographe du sieur Despuget, marchand à Paris, fait à Bordeaux en 1785, Bordeaux étant un pays de droit écrit, qui rejetait la forme olographe. (Rejet, sect. réunies XV pluviôse an XI, rejet 20 août 1806.)

Les auteurs et les raisons de droit venaient aussi à l'appui de cette doctrine. Le passage de Ricard trouvé après sa mort ajouté par une main étrangère à son traité du *Don mutuel,* auquel il ne convient pas, paraît être une dissertation abandonnée, qu'il avait retranchée de son grand traité des *Donations,* dans lequel il a deux fois exprimé l'opinion contraire (part. 1re nos 1286 et 1560.) Furgole (testament ch. II. sect. II. n 22.) Pothier (Donat. testam. l. cit.) Merlin (l. cit.) ont conformé leur opinion à celle des arrêts. L'opinion contraire distinguait arbitrairement dans une règle générale. La possibilité d'éluder la règle en ne datant pas de lieu le testament olographe ne prouve rien contre le sens de la loi, sauf aux parties intéressées à découvrir et à prouver la fraude.

La règle est fondée sur ce qu'il s'agit d'un acte solennel, qui doit le plus souvent recevoir son exécution en plusieurs lieux différents; il faut adopter de préférence la forme du lieu de l'acte parce qu'elle produira effet et pour les biens situés dans le territoire où il aura été fait en vertu de la loi locale, et pour les biens situés ailleurs, et vertu de la maxime du droit des gens, *locus regit actum*. Enfin de ce que le testateur a physiquement la faculté d'écrire partout, il ne faut pas conclure, que la loi qui lui permet de prendre la forme olographe soit une loi personnelle, c'est une loi sur la forme des actes, une loi qui ne peut suivre la personne, à moins d'un texte formel qui lui donne cet effet. (Merlin repert, v° testament sect. II, § 3, art. 8, plaidoyer du 28 ventôse an XIII, alin. et quoique cette opinion etc. et § 4, art. 1er n° 1. et art. 2, tout entier.)

Ce texte se trouve dans le Code civil, la loi française donne aux Français la faculté d'employer la forme olographe et il est certain que ce testament aura effet sur les biens français en quelque pays qu'il ait été fait.

Le Français ne peut-il faire à l'étranger son testament que par acte authentique, ou peut-il le faire par acte sous seings privés, suivant les formes usitées dans le pays où il se trouve ?

D'après une première opinion, le Français ne peut tester que devant un officier public étranger. On s'appuie d'une part sur l'art. 999, qui exige un acte authentique, or l'art. 1317 définit l'acte authentique, *celui qui est reçu par un officier public*. Enfin les formes publiques à l'étranger offrent seules une garantie suffisante de liberté et de certitude (Trib. civ. de Rouen, 17. Déc. 1839, de Bonneval. Dev. 1840, II, 515.)

Dans une seconde opinion, il faut certainement un acte authentique, mais, pour fixer l'authenticité, il faut se reporter à la loi du pays, où le testament est fait ; donc, si l'authenticité d'un testament consiste, comme en Angleterre, dans la signature de plusieurs témoins, le testament fait en cette forme par le Français devra être considéré comme authentique d'après l'art. 999, et déclaré valable en France (Rouen, 2 juillet 1840, de Bonneval, Dev. 1840, II, 515. Cass. 6 février 1843, mêmes parties, Dev. 1843, I. 209. Paris 19 avril 1853. Levis-Mirepoix; Pau 26 juillet 1853. Pouget Devil., 1853, II, 570-572. Cass. 3 juillet 1854, Ancinelle Dev. 1854, 1,417. Coin, Delisle art. 999. n° 7. Troplong T. III, n° 1734, 1735. Bayle-Mouillard sur Grenier T. II, n° 280 note 6. Zachariæ Aubry et Rau. T. v. p. 485.

Il en sera ainsi, la loi étrangère permît-elle une autre forme de tester, où la présence d'un officier public serait nécessaire.

En effet l'art. 999 a voulu faciliter la confection des testaments faits à l'étranger par des Français, comment se montrerait-elle si sévère à l'égard de nos nationaux, qui, ne sachant ou ne pouvant écrire, se trouveraient dans des pays où les formes testamentaires ne comportent pas la présence d'un officier public?

L'art. 999 a été rédigé dans ce but. En effet il consacre explicitement la règle *locus regit actum* dans ces mots « *avec les formes usitées dans le lieu où l'acte sera passé.* Les mots « *par acte authentique* » ne sont qu'une antithèse comme dans l'art. 994.

D'après une opinion, qui n'est qu'une extension de la précédente, le Français en pays étranger peut faire son testament avec les formes usitées dans le pays, où cet acte est passé, quelles que soient d'ailleurs les formes authentiques ou sous seings privés, lors même qu'il s'agirait d'un testament nuncupatif (Cass. 30 nov. 1831. Devil. 1832, I, 51. MM. Massé et Vergé sur Zachariæ. T. III, p. 80 Demolombe traité des donations, T. IV p. 444.) Cette divergence avec la seconde opinion n'a lieu qu'en théorie, car en pratique les solutions seront les mêmes à cause de la concession faite par la seconde, qui reconnaît comme authentique un acte qui n'aurait pas été reçu par un officier public (Toulouse 11 mai 1850, Serres. Devil. 1850, II, 529; Mourlon, qui cite en ce sens M. Valette. T. II, p. 351 ;

Marcadé art. 999, n° 3. Dalloz recueil alphab. h. v. n° 3410 3416. Saintespés-Lescot. T. IV. n° 1281.)

Aux termes de l'art. 24 du livre I du titre II de l'ordonnance de 1681, les testaments reçus par le chancelier dans l'étendue du consulat, en présence du consul et de deux témoins, et signés d'eux, sont réputés solennels.

Cet article est-il toujours en vigueur ? Le Français en pays étranger peut-il encore faire devant le chancelier du consulat un testament solennel, aux termes de l'ordonnance, ou un acte public, comme on dit aujourd'hui ? Une première opinion s'appuie sur l'art. 7 de la loi du 30 ventôse an XII (21 mars 1804), qui abroge les ordonnances, règlements et coutumes, qui font l'objet du Code Napoléon, or ce Code a réglé d'une manière complète dans l'art. 999 les formes du testament fait par le Français en pays étranger, de même que les art. 988 et suivants règlent les formes du testament maritime.

Si, comme tout le monde le reconnaît, ces articles ont abrogé les articles de cette ordonnance, qui s'occupent du testament maritime, pourquoi ne pas admettre que l'art. 999 a abrogé l'art. 24 de l'ordonnance (Trib. civ. de la Seine, 19 mars 1825; Cour de Paris, 27 août 1825; Dugommier, D. 1825, II, 228; Grenier, T. II, n° 280 ; Duranton, T. IX, n°s 160; Poujol, art. 999, n° 4; Vazeille, art. 994, n° 2; M. Duvergier sur Toullier, T. III, n° 485, note B. Cette manière de voir avait même été autorisée d'abord par une circulaire ministérielle du 2 nov. 1815 qui toutefois a été rapportée par une circulaire du 22 mai 1834 (Instruction spéciale du 20 novembre 1833, Hauterive, traités de commerce, T. X, p. 243.)

La doctrine contraire se divise en deux branches. D'après les uns, la conséquence de l'abrogation de l'ordonnance consiste en ce que les chanceliers de consulat ne pourront plus en suivre les formes, mais n'en resteront pas moins les notaires des Français à l'étranger (édit de Versailles de 1778, ordonn. du 24 mars 1778 et du 3 mars 1781, art. 3), pouvant toujours recevoir en pays étrangers les testaments des français en suivant les formes du Code Napoléon et de la loi du 25 ventôse an XI sur le notariat. (Cass. 4 février 1863, Aberjoux, Dev. 1863, 1, 209; Merlin repert. v° testament sect. II et III n° 8; Coin. Delisle art. 999 n° 8-15; Bayle Mouillard sur Grenier, T. II, n°s 280 note C.; Marcadé, art. 999, n° 4; Dall. rec. alphab. v° Consuls n° 70 et h. v. n° 3408; Saintespés-Lescot, T. IV, n° 1281.)

Les autres affirment le maintien complet de l'ordonnance et s'appuient sur une circulaire du 21 mars 1834 émise par le ministre des affaires étrangères de concert avec le garde des sceaux où ce dilemme était posé : ou l'art. 999 comprend les testaments reçus par les chanceliers, puisqu'il parle de testaments faits dans les formes usitées dans le lieu, où cet acte sera passé, or, à l'époque de la promulgation du Code, ces testaments étaient valables, quand ils étaient reçus par les chanceliers ; ou bien cet article ne vise pas ces testaments et alors la loi de Ventôse, dans son art. 7, n'a pu l'abroger, puisque ce n'est pas une matière du Code Napoléon.

On peut objecter que les mots de l'art 999 « *avec les formes usitées dans le pays,* » consacration de la règle *locus regit actum,* ne sont point faits pour les actes reçus par les chanceliers, officiers publics en pays étrangers, ainsi que la preuve en résulte des art. 47, 48, 170, (conf. M. Duvergier *loc. supra.*) Cette objection ne peut s'élever contre ceux qui écartent complétement l'art. 999 et font de la compétence des chanceliers des consulats un sujet à part, dont cet article ne s'occupe pas, tandis que ces articles de cette section supposent le maintien de cette compétence : ainsi les articles 994-991. (MM. Demolombe Donat. IV, 448 ; Public. effets de l'applic. des lois, n° 108; Troplong, T. III, n° 1738; Zachariæ, Aubry, Rau, T. V, p. 485 ; Massé et Vergé, T. III, p. 80 ; Colmet de Santerre, T. IV, n° 138 bis, 11).

Les testaments faits par des Français en pays étrangers dans ces formes, continuent d'être valables après le retour du testateur en France, sans qu'il soit besoin de les refaire sous une autre forme, et à quelque époque qu'il vienne ensuite à décéder. Il n'existe en effet relativement à ces testaments aucune disposition semblable à celles des articles 984, 987 et 996.

Le testament fait par un étranger dans un pays étranger quel qu'il soit, suivant les formes usitées dans ce pays, est valable en France. (Cass. 6 février, 1843, de Bonneval, Dev. 1843, 1, 209).

Mais il s'élève une difficulté très-grave au sujet du testament olographe fait par un étranger, dont la loi nationale n'admet pas cette manière de tester. Nous avons rapporté plus haut la doctrine et la jurisprudence antérieures à 1789, mais, dans le droit nouveau, les partisans de la négative ont soutenu que le Code, tranchant l'ancienne controverse, considère la loi, qui accorde la faculté de tester et la forme olographe, comme une loi personnelle, (Grenier, II, 280 ; Bayle Mouillard, h. l. note A; Marcadé, art. 999, n° 1, 2; Demante IV, 138).

Parmi les partisans de la doctrine contraire, les uns se sont appuyés sur l'art. 2 de la loi du 14 juillet 1819, qui porte que les étrangers peuvent disposer de la même manière que les Français, d'où ils concluent que la loi qui admet le testament olographe, appartient à l'ordre des statuts réels, et que, quelque part que le testament olographe soit fait par l'étranger, fût-ce même dans un pays qui n'admet pas cette forme, ce testament devra être considéré comme valable en France, relativement aux biens dont l'étranger sera propriétaire, (art. 3. Duranton T. IX, n° 15; Coin Delisle. art. 999, n° 6; Poujol, art. 999. n° 1).

Les autres admettent l'ancienne doctrine purement et simplement, la loi qui admet le testament olographe ne pouvant être considérée ni comme personnelle, parce qu'elle ne régit ni l'état, ni la capacité du testateur, ni comme réelle, car elle n'a nullement pour objet les biens eux-mêmes, ni leur nature, ni le mode de leur transmission, son but unique est de régler la forme de l'acte et tombe sous la règle *locus regit actum*. L'art. 999 est un article de faveur exceptionnelle pour les Français. (Cass.

25 août 1847, Quartier, Dev. 1847, 1, 742; Grenoble 25 août 1848, Chauten, Dev. 1849, II, 257; MM. Troplong, T. III, n° 1736 ; Zachariæ, Aubry et Rau, T. I, p. 267, T. V, p. 486 ; Massé et Vergé, T. III, p. 79 ; Colmet de Santerre, T. IV, n° 128 bis, IV; Demolombe, Traité de la public. des lois, n° 76, Donat. IV, 453.)

Reprenons maintenant les conséquences de la cause ou de l'objet des contrats.

Un acte directement contraire aux lois d'un pays étranger et fait précisément dans le but de violer ces lois, n'en est pas moins valable et obligatoire, lorsqu'il n'est pas contraire aux lois du pays, dans lequel il est fait ou exécuté ; aussi les contrats qui ont pour objet la contrebande à l'étranger, soit qu'il s'agisse de s'associer pour faire cette contrebande (Cass. 25 août 1853 Dev. 35. 1. 673.) soit qu'il s'agisse d'assurer les marchandises, ou le navire contre les risques, auxquels les expose ce dangereux commerce (Cass. 25 mars 1835, Dev. 35. 1. 804 ; Aix 30 août 1833, Ibid 34. 2. 161.) sont-ils valables. Sans doute chaque État ayant le droit d'établir des prohibitions douanières, a, par cela même, le droit de punir ceux qui les enfreignent, quelle que soit leur nationalité, et de réprimer sur son territoire toutes les tentatives, qui sont faites pour l'introduction ou l'importation frauduleuse de marchandises prohibées ou taxées par les lois locales, mais les États ne sont point également tenus de surveiller et de punir leurs nationaux pour la contrebande que ceux-ci font en pays étranger. La contrebande est un vice commun à toutes les nations, une sorte de guerre, qu'elles se font les unes aux autres, et un moyen commercial qui est permis aux unes, par la raison que les autres se le permettent, (Straccha de assecurat. gloss., 5. n. 5.) on peut donc assurer en France les importations ou exportations prohibées dans les pays étrangers, et les assurés ont en France une action contre les assureurs, dans le cas où la marchandise a été confisquée par l'autorité étrangère, dont son transport violait les lois particulières (Emerigon ch. VIII. sect. V.; Valin sur l'art. 49, titre des assur. ord. de 1681 ; M. Massé droit commerc. 1, 468 ; M. Larombière. Théorie des oblig. I. 344.)

Pothier (assur. n° 58) était d'un avis contraire; il considérait le fait de contrebande seulement dans ses rapports avec l'état étranger, aux lois duquel il est contraire, et ne remarquait pas que, loin d'être contraire aux lois du pays, dans lequel le contrat est passé ou doit être exécuté, il rentre dans leur esprit, qui est de faciliter d'autant plus les importations et les exportations, qu'elles sont plus sévèrement défendues par les lois étrangères, et que la contrebande rétablit entre les rapports commerciaux une balance, qui serait continuellement rompue, si une nation trop scrupuleuse s'abstenait d'un commerce interlope, que se permettent les nations voisines. (M. Pardessus, n° 1492).

M. Delangle (traité des sociétés commerciales T. 1, n° 104), qui suit l'opinion de Pothier, assimile la contrebande à la traite : « Dans une partie des États-Unis,

« dit-il, le commerce des noirs est permis. Supposons « que des Français se sont associés pour cet odieux trafic, « et qu'ils l'ont fait dans le pays même, qui l'autorise; « seront-ils écoutés en France, si, divisés dans le par- « tage, ils ont recours aux Tribunaux ? »

Mais on ne peut assimiler les deux espèces : une société pour la traite même faite en pays étranger ne sera pas valable aux yeux de la loi française, qui interdit la traite, et on ne peut venir dans un pays y poursuivre l'exécution d'une convention contraire aux lois d'ordre public de ce pays, bien que conforme d'ailleurs aux lois du pays, dans lequel elle a été passée. La traite, contraire au droit naturel, et la contrebande, contraire seulement à des lois civiles, dont l'effet, étant de restreindre une faculté naturelle, doit être limité aux actes faits sous l'empire des lois, qui les prohibent, ne peuvent être mises sur le même niveau, avec cette restriction, qu'il en serait autrement, si la contrebande avait lieu à l'aide de la corruption exercée sur les employés des Douanes du pays, dont on voudrait frauder les droits (M. Delangle T. 1, n. 104; Pau 11 Juillet 1834, Devill. 35. 1. 673). Cette dernière restriction s'appliquerait également au cas d'association douanière ou de traité de commerce, qui rendrait communes aux deux nations les mêmes prohibitions, et par lequel elles s'engageraient à s'interdire réciproquement tout commerce de contrebande.

Ceux donc, qui, en pays étranger, se sont engagés

à y introduire des marchandises, dont la loi du pays, où elles se trouvent, prohibe l'exportation, et dont la loi française permet l'importation, pourront être actionnés et condamnés en France à des dommages intérêts, s'ils ne remplissent pas l'obligation qu'ils ont contractée, alors du moins qu'ils connaissaient la prohibition, qui frappait la marchandise objet du contrat.

Celui qui a vendu en pays étranger à un Français une chose, que la loi française met hors du commerce, peut, alors que la livraison a eu lieu en pays étranger, poursuivre l'acheteur dans son pays, la France, en paiement du prix dont il est resté redevable, parce que le juge de l'acheteur n'aura pas alors à se préoccuper de la cause d'un contrat parfait et consommé, dans un lieu où il était licite (Huber *de conflictu legum* n° 5).

Le Français qui a souscrit en pays étranger des obligations en paiement de billets pris dans une loterie étrangère, dans un lieu où les loteries et les obligations qu'elles engendrent sont licites, ne pourra être poursuivi en France pour le paiement de l'obligation. La loi française qui, dans un intérêt d'ordre public et intérieur, prohibe les loteries étrangères, ne peut les admettre sous prétexte que le contrat a eu lieu en pays étranger.

FORMALITÉS EXTRINSÈQUES.

On peut les diviser en formalités extrinsèques proprement dites, et en formalités d'exécution.

FORMALITÉS EXTRINSÈQUES PROPREMENT DITES

Lorsqu'un étranger contracte avec un national, la forme de l'acte se règle par la loi du lieu; un Français qui contracte en Angleterre avec un Anglais, suit la loi anglaise, et lorsqu'il s'agit d'une formalité exigée à peine de nullité, le Français ne pourrait pas se prévaloir de sa qualité d'étranger pour se soustraire à l'observation de la loi locale. L'étranger devient, quant à ses actes, sujet temporaire de l'État dans lequel il agit, tout en restant soumis d'ailleurs, quant à sa personne, aux lois de son pays. (Hert. dissert. *de uno homine plures sustinente personas.*)

Si un acte unilatéral fait par un Français à l'étranger ou un acte synallagmatique fait par un Français avec un autre Français à l'étranger doit être mis à exécution en France, le Français ou les Français peut ou peuvent disposer ou contracter dans la forme française, à moins qu'il ne s'agisse d'un acte dont la perfection exige des solennités, qui obligent l'étranger à recourir aux autorités locales et conséquemment aux formes, que doivent suivre ces autorités, ou à moins que la loi française ne prescrive une forme spéciale pour les actes, que le Français fait hors de sa patrie. L'observation de la règle « *locus regit actum* » est facultative pour les Français, en ce sens que, lorsque la loi française ne prescrit pas l'emploi d'une forme particulière pour les actes, qu'ils font en pays étranger, et qu'il s'agit d'actes sous seings privés, ils peuvent toujours, quand ces actes doivent être mis à exécution dans leur patrie, se référer à ses lois, et choisir, suivant leur convenance, entre elles et celles du lieu où ils s'obligent (M. Pardessus n° 1486). Merlin (repert. v° preuve, sect. II, § 3, art. 1, n° 3), s'appuyant sur Paul de Castres. (Consil. 3), et sur Dumoulin (consult. 43) élève des doutes sur cette faculté. D'après lui, *ce n'est point par un simple motif de convenance qu'on a donné, par rapport à la forme probante des actes, la préférence à la loi du lieu, où ils sont passés, sur toutes les autres, les vrais principes seuls ont déterminé ce choix. En effet les actes reçoivent l'être dans le lieu où ils sont passés, c'est la loi de ce lieu, qui leur donne la vie, c'est elle par conséquent qui doit les affecter, les modifier, en régler la forme.*

Mais ces principes vrais, quand l'acte doit être exécuté dans le lieu où il est fait, cessent d'être absolus, quand l'acte doit être exécuté dans les pays des contractants, en France, dans l'espèce. Comme c'est aux autorités françaises qu'en cas de résistance ou de contestation, ils demanderont d'en ordonner l'exécution, il suffira que ces autorités trouvent l'acte conforme à leurs lois, qui sont celles des contractants, pour que cet acte doive être exécuté, la loi étrangère sous l'empire de laquelle l'acte a été passé devenant complétement indifférente.

On peut appliquer la loi romaine 21 *de oblig. et act.* D., que nous avons déjà citée. Celui qui s'oblige en pays étranger est présumé se reporter dans la pensée aux lois de sa patrie absente, mais qui sera présente au jour de l'exécution (Paul Voët *de statut,* sect. IX, ch. IX, n° 2; Jean Voët *ad Pandect.* Lib. IV, part. II, n° 15; Rodembourg *de jure conjug. tract. prel,* T. II, cap. III. Hert. *de collis. leg.* n° 10).

Cette faculté existe-t-elle, quand il s'agit d'actes passés par des nationaux et des étrangers? Il faut d'abord distinguer, si l'acte est synallagmatique ou unilatéral; dans le premier cas, sauf le cas où il y aurait loi contraire, l'acte ne peut être obligatoire pour l'une des parties sans l'être en même temps pour l'autre. Si donc le Français s'est valablement obligé, en suivant la loi de la France où la promesse doit être exécutée, l'Anglais envers lequel il s'est obligé et qui poursuit l'exécution de cette promesse en France, ne serait pas reçu, pour se dispenser d'accomplir la sienne, à se prévaloir de ce que l'acte n'est pas conforme aux lois de sa patrie. Si l'acte est unilatéral, il faut distinguer entre le cas où l'obligation est contractée par un Français, et celui où elle est contractée par un étranger. Dans le premier cas, le Français qui s'est obligé dans une forme qui lui était personnelle, est réellement obligé et tenu d'exécuter dans son pays l'acte qui est conforme à ses lois. Dans le second cas, l'étranger qui a contracté dans son propre pays même envers un Français n'étant soumis qu'aux lois de son pays, peut opposer en France, lorsque l'exécution du contrat y est poursuivie, la nullité, qui résulte du non-emploi des formes prescrites.

Il peut y avoir des coobligés, soit français soit étrangers. Si le contrat est synallagmatique, il est obligatoire pour les coobligés comme pour les obligés principaux; s'il est unilatéral, les coobligés étrangers pourront se prévaloir, en ce qui les touche, de la nullité du contrat non conforme à la loi française, sans que les Français cessent d'être tenus à l'exécution d'un acte conforme aux lois de leur patrie.

Peu importe que les coobligés soient solidaires, l'exception tirée de la non-observation d'une loi locale étant purement personnelle à ceux qui sont régis par cette loi (1208 C. N.).

Quant aux contrats synallagmatiques ou unilatéraux, que feraient, hors de leur patrie, deux étrangers de nations différentes, ainsi un Français et un Allemand en Angleterre, ils seraient également valables, s'ils étaient conformes aux lois du pays de l'un ou de l'autre des contractants, dans lequel ils devraient être mis à exécution.

Il ne s'agit ici que des formalités extrinsèques et non intrinsèques régies soit par le statut réel, soit par le statut personnel.

Ainsi un contrat fait en pays étranger par un mineur ou une femme mariée, bien que conforme aux lois locales, est nul, s'il n'est pas revêtu des formes voulues dans leur patrie pour qu'ils puissent valablement s'obliger. On présume qu'ils ne se sont rendus en pays étranger, que pour y frauder les lois de leur pays. *Contractus mulieris vel minoris celebratus extra territorium præsumitur* *factus in fraudem: (*Card. *de Luca. de donationibus, discurs.* 76, n° 12*)*.

Celuiqui, pour éviter l'observation des formes plus nombreuses ou plus minutieuses du pays, dans lequel sont situés les biens, qui font l'objet du contrat, se rend en pays étranger pour y contracter dans une forme plus simple, ou qui présente moins de garanties, fait un acte qui peut, suivant les circonstances, être déclaré nul et ne produire aucun lien dans sa patrie.

La règle *locus regit actum* peut-elle être invoquée par les agents diplomatiques ou consulaires ?

Il faut distinguer : les ambassadeurs, ministres publics ou agents diplomatiques, qui jouissent du privilége de l'exterritorialité, qui ne peuvent y être poursuivis, à raison des engagements qu'ils y auraient contractés, ne peuvent, en aucun cas, être assujettis, quant aux actes par eux faits, aux formes prescrites par la loi de leur résidence. Les actes qu'ils y font, lors même qu'ils devraient être exécutés dans le même lieu, sont donc valablement faits suivant les formes usitées dans le pays auquel ils appartiennent (Huber. *de jure civil.* Liv. III, ch. VIII, § 4 ; Hert. *de coll. leg.* sect. IV, § 10. Merlin répert. v° *testam.* sect. II, § 3, art. 8 ; Fœlix, n° 82). De même pour les actes faits par celles des personnes à la suite de l'ambassadeur, qui jouissent des mêmes priviléges diplomatiques. (Hert. *ibid.*; Grotius. L. II, ch. XVIII). Il en est autrement de ceux des consuls, qui ne jouissent pas du privilége de l'exterritorialité. Ceux qui font le commerce sont, quant aux actes par eux faits dans le pays de leur résidence, assimilés aux autres étrangers.

Pour juger de la validité des actes, il faut d'abord déterminer dans quel lieu ils ont été passés. S'il s'agit d'un contrat passé entre parties présentes, aucune difficulté ne se présente, ou l'acte est authentique, et alors le lieu du contrat se trouve déterminé d'une manière certaine, ou l'acte est sous seings privés et, dans ce cas, le lieu, où il est daté, indique celui où il a été fait ou du moins à quelles lois les parties ont entendu se soumettre, et celui qui s'est obligé ne serait pas admis, pour se dispenser d'exécuter sa promesse, à prétendre que l'acte a été fait dans un autre lieu, (Pardessus, 1486); ou bien la convention est verbale, et c'est alors d'après les circonstances et l'appréciation des faits qu'on peut reconnaître dans quel lieu elle a été conclue, et quels sont par suite sa validité et ses effets. (M. Massé I. 477.)

Quand deux parties négocient une convention en parcourant ensemble divers lieux, le contrat est régi par la loi du lieu, où il est devenu parfait par l'accord des deux parties, bien qu'il eût été négocié dans un autre (*Fœlix* droit intern. p. 143).

L'affaire qui se négocie entre deux parties se trouvant l'une et l'autre dans un pays différent, peut se négocier par lettres ou par mandataires.

Quelle loi doit régir un contrat conclu par lettres écrites de lieux soumis à des lois différentes? Il faut savoir dans quel lieu le contrat est devenu parfait. D'après Grotius (*De jure belli* L. II. Chap. xi, § 5) qui les assimile aux contrats faits dans une île déserte ou en pleine mer, il n'y a qu'une règle, celle du droit naturel. Ceci n'est pas admissible, puisque les deux contractants sont soumis à des lois, sous l'empire desquelles ils contractent, et dont on ne peut faire abstraction. Hert (*de commeatu litterar.* § 16 et s.) arrive à la même conclusion que Grotius par une autre route. Il reconnaît le concours de deux juridictions, mais il leur accorde à toutes deux une puissance et une force égale, qui s'annulent l'une par l'autre et font place au droit naturel seul capable de mettre les parties d'accord, mais cette manière d'envisager la question ne devrait pas non plus être admise, parce que, dans une telle convention, il n'y a pas deux contrats, il n'y en a qu'un, indivisible, négocié en plusieurs lieux, mais conclu en un seul. Pour déterminer la loi qui le régira, il faudra donc rechercher dans quel lieu se sont rencontrées les deux volontés, dont le concours était nécessaire (M. Massé, I. 478.)

Le marchand qui écrit à son correspondant pour lui proposer une affaire n'est obligé par sa proposition, qu'autant qu'il ne l'a pas rétractée avant l'acceptation (Merlin. Répert. v° vente § 1, art. 3; M. Troplong, de la vente T. 1, n° 22 et suiv., Du louage n° 105 à la note). Cette faculté de se rétracter jusqu'à l'arrivée de la lettre, qui contient l'acceptation, se fonde sur le principe que le contrat par lettre ne peut se former, comme tout autre contrat, que par le concours de deux volontés; que, tant que la volonté de l'acceptant n'est pas connue du proposant, il n'y a pas concours de volontés et que jusque-là le proposant peut retirer une offre qui n'a encore engendré aucun lien de droit.

Le correspondant qui accepte peut rétracter son acceptation, tant qu'elle n'est pas parvenue à celui qui a fait la proposition, puisque l'acceptant ne peut être lié tant que le proposant lui-même n'est pas lié, (M. Troplong. du louage. 105.) Le contrat ne devient donc parfait que dans le lieu d'où est partie la proposition et où est arrivée l'acceptation, parce que c'est alors seulement que les parties ne peuvent plus rétracter leurs consentements et que se forme par conséquent le concours de deux consentements irrévocables. Cependant des auteurs anciens (*Struvius, exercit. ad Pandect. ex*, II. le cardinal de Luca, *de creditis* 51 n° 6. Casaregis. Dis. 179. I. et suiv.) pensent que le contrat est devenu parfait dans le lieu, où la proposition a été acceptée et non dans celui d'où elle est partie.

Il en serait autrement, s'il y avait une contre-proposition qui nécessitât une acceptation de celui qui a fait la proposition.

Ces solutions ne s'appliquent qu'aux contrats commutatifs parfaits, ou qui, étant formés dans l'intérêt réciproque des deux parties, auxquelles ils imposent en même temps des obligations égales, quoique diverses, nécessitent, pour leur perfection, l'acceptation expresse de celle des parties, à qui la proposition est faite.

Il en est autrement dans les contrats, qui, comme le mandat on la commission, ne renferment qu'une obligation, celle du commissionnaire ou du mandataire.

Si un mandat est donné par lettre, il suffit, pour qu'il y ait contrat, que le mandataire fasse ce que le mandant lui demande, et accepte ainsi de fait le mandat, sans qu'il soit nécessaire que cette acceptation soit connue du mandant, qui a fait la demande (Casaregis Dis. 179, n° 2.) Le contrat est alors régi par la loi du lieu où se trouve le mandataire.

S'il s'agissait d'un commissionnaire qui proposât ses services à un négociant, le commissionnaire ayant besoin pour agir de savoir si ses services sont acceptés, le contrat ne se formerait que lorsque la réponse du négociant parvenue au commerçant lui aurait fait connaître l'acceptation, c'est-à-dire encore dans le lieu d'où serait partie la proposition, et où serait arrivée l'acceptation. (Delamarre et Lepoitvin n° 98.).

Le mandataire représentant complétement le mandant, les actes faits par le mandataire pour le mandant sont réputés faits au lieu où se trouve le mandant (Casaregis disc. 179 n° 10 et suiv.) Ils sont donc régis par la loi du mandataire. Il peut y avoir difficulté, quand le mandataire expédie ses propres marchandises au commettant. Le commissionnaire étant à la fois mandataire et vendeur, cette vente est-elle devenue parfaite chez le commettant ou le commissionnaire? Nous penchons avec

Casaregis, Discurs. 38 n° 51. et suiv. et discurs. 179. n° 10 et suiv.; M. Massé 1. 483., pour la seconde décision, parce qu'ici le mandat absorbe la vente; pourvu que les intérêts du commettant ne soient pas compromis, l'origine de la marchandise lui est indifférente. L'acceptation du commettant est inutile dans les deux cas; la vente, que lui fait le commissionnaire, est réputée faite chez ce dernier, parce qu'il se trouve réunir en lui deux qualités, celle de vendeur pour son propre compte et d'acheteur pour le compte de son commettant. De même, si la commission était donnée pour vendre, et que le commissionnaire se rendît acquéreur.

Dans les contrats conclus par l'intermédiaire d'un commis-voyageur réputé en général avoir des pouvoirs suffisants pour vendre, le lieu du contrat est celui où le commis-voyageur a traité au nom de son commettant (M. Pardessus n° 1354; Cass. 4. Déc. 1811. (Dev. 3, 1, 421.); Bordeaux 22 avril 1828 (Dev. 9, 2, 69).

On ne peut donner la même décision, si le commis-voyageur n'était chargé que de recueillir des ordres, et de les transmettre à son commettant, qui se réserverait le droit d'accepter ou de refuser les demandes qui lui seraient adressées, parce que le contrat serait réputé conclu au domicile du commettant, dont l'acceptation était nécessaire, pour qu'il y eût engagement réciproque (M. Pardessus ibid; Bordeaux, 16 nov. 1830, Devill. 31, 2, 140).

Les actes faits par un *negotiorum gestor* (Code Nap. 1372) sont, comme ceux d'un mandataire proprement dit, réputés faits au lieu où l'affaire a été gérée, et non au domicile du maître, alors même que plus tard celui-ci aurait ratifié les actes du *negotiorum gestor*, parce que, dit Casaregis, la ratification du maître n'est pas nécessaire à la perfection du contrat et n'a pour objet que de faire passer à sa charge ou à son profit les conséquences d'un contrat, qui a été parfait dès l'instant où il a été conclu par le *negotiorum gestor* (Discurs. 179, nº 20, card. de Luca *De alien.* discurs. 47, nº 9, Delamarre et Lepoitvin, t. I, nº 175 et suiv.).

Si le mandat donné à un tiers ne l'a été que sous condition que les actes du mandataire ne vaudraient qu'autant qu'ils seraient ratifiés par le mandant, ces actes seraient réputés faits dans le lieu, où est donnée la ratification, sans laquelle ils ne pourraient produire aucun effet. Il faut distinguer dans la ratification le cas où elle ajoute quelque chose à l'acte et celui dans lequel, sans être nécessaire à sa validité, elle n'a d'autre résultat que d'obliger le ratifiant. Dans ce premier cas, le contrat ratifié n'est devenu parfait que dans le lieu où la ratification est donnée ; dans le second cas, parfait avant la ratification dans le lieu, où il avait été conclu, il ne peut être déplacé par l'effet de la ratification postérieure (Hert. *de collis. leg. sect.* IV, § 55.)

L'homologation d'une transaction conclue par un tuteur dans l'intérêt d'un mineur, et qui est une sorte de ratification, donnant à la transaction la force nécessaire pour produire effet, la transaction est réputée faite au lieu même où intervient l'homologation. Au contraire celui qui confirme et explique dans un lieu un contrat obscur qu'il aurait fait dans un autre, et dont l'obscurité inspirerait des craintes aux autres parties, n'ajoutant rien à l'acte antérieur, qui n'est changé ni dans son essence ni dans ses effets, la ratification rétroagit au jour et au lieu de l'acte primitif, qui reste gouverné par la loi de ce lieu.

Les actes ou contrats, qui renferment un vice tel qu'ils ne peuvent produire aucun effet selon la loi du lieu où ils ont été faits, peuvent-ils cependant en produire dans un autre lieu, moyennant la confirmation ou ratification qui y interviendrait? Il faut faire deux distinctions. Le vice du contrat provient-il d'un défaut de capacité dans la personne ou d'un défaut de disponibilité dans la chose, la ratification n'est possible dans aucun lieu, puisque la capacité ou l'incapacité de la personne, la disponibilité ou l'indisponibilité des biens dépendent du statut personnel ou du statut réel, et ne peuvent donc recevoir aucune modification des lois étrangères, sous l'auspice desquelles le contrat serait ratifié. Le vice du contrat provient-il d'un vice de forme, rien n'empêche de régulariser à l'étranger le contrat nul fait en France, alors même que ce contrat ne pourrait être ratifié en France, parce que c'est en quelque sorte un nouveau contrat, que la volonté des parties substitue à l'ancien, et dont la validité doit être jugée d'après les lois du lieu, où intervient la ratification qui lui succède. Code Nap. 1338. (M. Massé I, 487).

Les effets de la ratification sont dans ce cas réglés d'après la loi du lieu où a été conclu l'acte ratifié, puisqu'il s'agit d'une convention nouvelle, qui ne se réfère à la convention antérieure, que pour en reconnaître le vice ou la nullité (Merlin, repert. v° effet rétroactif sect. III, § 3, art. 7, t. XVI, p. 270.)

De même, pour la forme de la ratification. La ratification faite en pays étranger d'un acte nul fait en France pourra être efficace en France, bien qu'elle ne renferme pas les divers éléments exigés par l'art. 1338, C. Nap., s'ils n'étaient pas exigés dans le lieu où elle est intervenue.

La condition accomplie, à la différence de la ratification d'un acte nul, a un effet rétroactif au jour où l'engagement a été contracté, C. Nap. 1179. Quand l'existence d'un contrat dépend de l'accomplissement d'une condition, et que cette condition s'accomplit dans un lieu autre que celui de la rédaction d'un contrat, c'est la loi de ce dernier qui en régit la substance (M. Fœlix, p. 145.)

La règle *locus regit actum* souffre exception dans le cas où la loi personnelle à celui qui contracte en pays étranger lui impose des règles spéciales pour les actes qu'il fait hors de sa patrie. Les art. 234 et 312 du Code de commerce nous en offrent un exemple. D'après eux, un capitaine de navire français ne peut, en pays étranger, emprunter à la grosse, mettre en gage ou vendre les marchandises pour les besoins du navire, qu'en se faisant autoriser par le consul de France, et, à défaut, par le magistrat du lieu. Ces formalités doivent être remplies par le capitaine, lors même qu'elles ne seraient pas prescrites par la loi locale.

Lorsque les formalités spéciales voulues par la loi française sont remplies, les contractants peuvent se soumettre pour le surplus à la loi locale ou même déroger à la loi française dans tous les cas qui n'intéressent pas l'ordre public. Aux termes de l'art. 330 du Code de commerce, le préteur à la grosse doit contribuer à la décharge de l'emprunteur, aux avaries communes, mais les contractants peuvent stipuler en pays étranger, conformément à la loi locale, que le préteur, même français, sera affranchi de toute contribution à ces avaries (M. Massé, I, 493.)

A certains actes la loi française n'accorde la force qu'il est dans la volonté des parties de leur attribuer qu'autant qu'ils ont été soumis à la formalité d'une publication qui les porte à la connaissance des tiers : ainsi les contrats de mariage des commerçants, qui, aux termes de l'art. 67. du C. de commerce, doivent être affichés par extrait soit dans l'auditoire du Tribunal, soit à la mairie, de même les actes de société, soumis à des formalités analogues de publication et d'affiches.

Quelle est en France l'autorité d'un contrat de mariage,

ou d'un acte de société passé en pays étranger, et ces actes doivent-ils être publiés ?

Il faut rechercher quel est le domicile des époux et le siége de la société, car ces formalités, bien qu'exigées dans l'intérêt des tiers, ont principalement pour objet de déterminer la capacité des époux et de la société. Elles constituent un statut personnel, de telle sorte qu'elles sont régies par la loi du domicile conjugal ou social, que les tiers en contractant connaissaient ou devaient connaître. Si un mariage entre commerçants ou une société dont le siége, l'établissement et le domicile commercial sont en France, ont été contractés en pays étranger, le contrat de mariage, l'acte de société devront être publiés en France au domicile conjugal ou social, quelle que soit d'ailleurs la nationalité des époux et des associés, mais, si les époux ou les associés, quoique français, ont leur domicile ou leur établissement en pays étranger, le contrat de mariage et l'acte de société seront opposables aux tiers français ou étrangers, s'ils sont reçus dans la forme prescrite par la loi locale, alors même que cette forme n'admettrait pas la nécessité des publications (Fœlix Droit internation. n° 310 et suiv.).

Nous nous arrêterons un instant sur ces deux matières, qui présentent un certain intérêt.

Examinons d'abord quelques espèces sur les sociétés étrangères.

Lorsqu'après la dissolution de la société, l'un des associés transporte son domicile dans un état autre que celui où se trouvait le siége de la société et qu'il est poursuivi par un tiers qui a contracté avec les associés, les engagements de l'ex-associé se règlent d'après la loi du siége de la société dissoute et non d'après la loi du nouveau domicile, et l'affiche de l'acte de société faite au lieu de son siége peut être invoquée par le tiers comme formant le contrat des parties.

Supposons que la société ait existé en Bavière et que le procès se plaide à Paris, les engagements des associés envers les tiers se règlent selon l'extrait de l'acte de société affiché en Bavière et le créancier n'est pas tenu de produire devant les Tribunaux français d'autres preuves de ces engagements. (M. Fœlix II, 311).

La loi des 24-29 juillet 1867, en défendant sous une sanction pénale l'émission de titres, dont le taux et la forme seraient contraires à ses prescriptions, n'a-t-elle considéré que les commandites françaises? Et si, au nom de sociétés formées à l'étranger, l'on émettait en France des actions qui, bien que régulières au point de vue du statut local, ne le seraient point au point de vue de la loi française, y aurait-il là un délit tombant sous le coup de l'art. 13, qui dispose que l'émission d'actions ou de coupons d'action d'une société constituée contrairement aux prescriptions des art. 1, 2, 3, de la loi précitée est punie d'une amende de 500 à 10,000 fr.. Sont punis de la même peine, continue cet article 13 :

1° Le gérant qui commence les opérations sociales avant l'entrée en fonctions du conseil de surveillance.

2° Ceux qui se présentant comme propriétaires d'actions ou de coupons d'actions, qui ne leur appartiennent pas, ont créé frauduleusement une majorité factice dans une assemblée générale, sans préjudice de tous dommages-intérêts, s'il y a lieu, envers la société, ou envers les tiers.

3° Ceux qui ont remis les actions pour en faire l'usage frauduleux.

Dans les cas prévus par les deux paragraphes précédents, la peine de l'emprisonnement de quinze jours à six mois, peut en outre être prononcée.

Nous croyons qu'il faut répondre affirmativement. Les prescriptions relatives au taux et à la forme des actions sont d'ordre public, elles ont pour but d'empêcher la création d'entreprises frauduleuses, de mettre obstacle aux manœuvres de la spéculation, d'apporter un frein aux entraînements de la foule des petits capitalistes, de faire en un mot que les titres de société ne dégénèrent pas *en billets de loterie*, d'après l'expression de M. Langlois dans son rapport sur la loi de 1856 concernant les sociétés. Il y a là une loi de police qui oblige tout le monde en France, aussi bien les étrangers que les régnicoles, art. 3, Cod. Nap.

Il serait par trop commode en effet de créer au dela de nos frontières des sociétés, dont la forme déjouerait toutes les précautions de notre loi et, qui, impuissantes à recueillir leur capital sur le sol étranger où elles seraient nées, inonderaient notre marché de titres contraires à l'art. 1 de la loi de 1867 et réaliseraient aux dépens de nos nationaux les duperies que le législateur a voulu prévenir.

Même décision doit être donnée par les mêmes motifs à l'égard de la disposition, qui prohibe également en France la négociation d'actions privées de certains caractères voulus, et interdit tout acte de participation à leur négociation et toute publication de leur valeur.

L'art. 47 décide que les sociétés anonymes actuellement existantes continueront à être soumises pendant toute leur durée aux dispositions qui les régissent.

Elles pourront se transformer en sociétés anonymes dans les termes de la loi de 1867, en obtenant l'autorisation du gouvernement, et en observant les formes prescrites pour la modification de leurs statuts. On s'est demandé si une société anonyme étrangère établie en Belgique par exemple sous le régime de l'autorisation gouvernementale, pourrait, par un acte nouveau, s'établir librement en France du consentement de tous les actionnaires ou dans les formes déterminées par ses statuts, si le cas y avait été prévu.

La réserve de l'autorisation du gouvernement pour les sociétés anonymes existantes, qui voudraient se transformer dans les conditions de la loi nouvelle, ne regarde que les sociétés autorisées en France par le gouvernement français. Quant aux sociétés étrangères, elles ne relèvent pas de sa juridiction, et là où il leur convient de se dénationaliser, nul obstacle ne s'oppose à ce qu'elles usent du bénéfice de la loi nouvelle comme le pourrait une société sans précédents, qu'organiserait chez nous une réunion d'intéressés français et étrangers.

Une société anonyme est soumise à la loi du pays, dont le gouvernement l'a autorisée, parce qu'une semblable société fait partie des conventions, qui ne reçoivent d'effet que par la confirmation, et la loi du lieu de la confirmation est applicable.

Examinons maintenant les contrats de mariage passés à l'étranger.

Et d'abord la loi qui autorise les agents diplomatiques à célébrer des mariages ne les autorise pas à recevoir des contrats de mariage. Si les époux veulent faire des conventions matrimoniales, ils sont donc dans la nécessité de s'adresser aux fonctionnaires du lieu qui sont préposés à ces sortes d'actes. Pour valoir en France, il suffit que ces contrats soient, quant à la forme, dans les conditions exigées par la loi du pays, où ils sont passés. Ils vaudront en France ce qu'ils vaudraient pour des époux sujets de ce pays. Ils feront foi de leur date et auront la même authenticité. Par la même raison, ce qui les annulerait dans ce pays les annulerait en France. Si les contrats de mariage sous seing privé y sont valables, ils vaudront en France, quoiqu'en France la forme notariale soit de l'essence de ces sortes de contrats.

Cependant il ne suffirait pas de produire un acte signé des époux et daté d'un pays quelconque. Indépendamment de la capacité, qui est toujours de rigueur, il faut qu'il soit revêtu d'une légalisation délivrée par l'autorité compétente. Cet acte ne serait rien, s'il ne prouvait qu'il a été fait dans le lieu et à la date qu'il indique. Par lè traité qui intervint entre la Suisse et la France le 4 vendémiaire an XIV, la légalisation fut exigée même en ce qui concerne les jugements et les actes notariés ; à plus forte raison, doit-elle l'être, quand il s'agit d'actes, qui n'ont par eux-mêmes aucune authenticité. A défaut de traité, on peut se contenter de toute autre garantie, mais enfin il en faut une.

Sous ce rapport il n'y aurait pas à distinguer si le contrat de mariage sous seing privé est entre Français ou étrangers. Un acte, dont rien ne garantit la sincérité, n'est rien.

Si le mariage avait eu lieu dans un pays où la loi permet de faire le contrat de mariage, même sous seing privé, après le mariage, le Français, qui a contracté ce mariage, pourrait-il user du bénéfice de cette loi ? Si la France est le domicile matrimonial, la loi française régit les conventions matrimoniales. Le contrat fait après la célébration est donc nul ; eût-il été fait dans le pays même, où la loi le permet, il serait nul aux yeux de la loi française, puisque c'est elle qui le régit.

Un contrat de mariage de cette espèce ne peut offrir de garantie, qu'autant qu'il ne reste pas à la libre disposition des époux. Ce qu'ils doivent faire, c'est de le déposer ou plutôt d'en faire ordonner le dépôt dans l'étude d'un notaire. Les parties qui traitent sur la foi d'un tel acte, manquent de prudence en ne l'exigeant pas. Ce serait même un devoir pour les époux de faire mentionner en marge du registre, où ils ont fait transcrire leur acte de mariage, quelle est l'étude, où le contrat de mariage est déposé (Bellot des Minières. Du contrat de mariage p. 71).

ACTES DE L'ÉTAT CIVIL.

Les Français en pays étranger ont deux moyens pour faire dresser les actes de leur état civil, d'abord par les officiers et suivant les formes du pays, où ils se trouvent, ensuite par les consuls ou par les agents diplomatiques français, suivant les formes françaises.

1° Tout acte de l'état civil fait en pays étranger fera foi, s'il a été rédigé dans les formes usitées en ce pays, quels que soient ceux qu'il concerne, un étranger seulement ou un Français et un étranger en même temps, comme le mariage L'article dit *fera foi*, car il ne s'agit ici que de sa force probante, et non pas de sa validité, qui, en France, ne peut pas, dans tous les cas, dépendre de l'observation des lois étrangères.

2° Tout acte de l'état civil concernant seulement des Français sera valable, s'il a été reçu conformément aux lois françaises par les agents diplomatiques, ou par les consuls. (art. 48) la loi se sert de l'expression *sera valable*, parce que, dans ce cas, les lois françaises auront été de tous points observées.

Le consul français pourrait-il célébrer le mariage entre un Français et un étranger ?

Les partisans de l'affirmative s'appuient 1° sur ce que, dans ce cas, le consul ne serait pas compétent pour le Français lui-même s'il ne l'était pas aussi pour l'étranger; 2° sur ce qu'en effet il résulte de l'article 165 que le mariage peut être valablement célébré devant un officier de l'état civil compétent à l'égard de l'un seulement des deux futurs époux.

Les partisans de la négative répondent 1° que l'officier public qui célèbre un mariage doit être également compétent à l'égard des deux parties, parce que cet acte intéresse également les deux parties ; l'article 47 différant de rédaction avec l'article 48, il en résulte que le consul français n'est compétent qu'à l'égard des Français. 2° L'officier public de l'article 165 est compétent à l'égard des deux parties, le consul français n'a aucun pouvoir et n'en peut recevoir aucun à l'égard de l'étranger. (Merlin Rep. T. XVI. v° état civil § 2 et 3 ; M. Demol. T. I. p. 387.)

On a prétendu même que le consul français était incompétent entre deux Français. (Favart de Langlade Rep. v° mariage, sect. III, § 2.) L'opinion contraire est préférable, elle se base sur la rédaction de l'art. 48; sur ce que, si l'art. 170 ne se réfère qu'à l'art. 47, c'est qu'il mentionne aussi les mariages entre Français et étrangers seulement ou entre un Français et un étranger, qui ne peuvent pas être effectivement célébrés devant les consuls français ; sur l'impossibilité de réduire les Français à ne pouvoir se marier en pays étranger que suivant les formalités du pays où ils se trouvent, c'est-à-dire peut-être suivant des cérémonies et des rites contraires à leurs mœurs, à leur religion; aussi l'ordonnance du 23 octobre 1833 art. 15 suppose-t-elle très explicitement que le consul français peut célébrer le mariage entre deux Français. (M. Demol. t. I, p. 387.)

DE L'EFFET DES ACTES PASSÉS EN PAYS ÉTRANGER.

En général, lorsqu'un acte doit être exécuté dans le lieu même où il est fait, ses effets et son exécution, bien qu'il soit passé entre étrangers, sont réglés par la loi locale, à moins qu'il n'y ait sur ce point convention contraire. Les principes, qui, dans ce cas, régissent la forme des actes, régissent aussi leur exécution et leurs effets.

Il ne peut y avoir de difficulté que lorsque l'acte doit s'exécuter dans un lieu autre que celui dans lequel il a été fait, ou bien encore lorsqu'il donne lieu à des contestations, qui prennent naissance dans un autre pays.

Alors se présente la question de savoir si ces effets, cette exécution, ces contestations doivent être réglés, appréciés et jugés d'après la loi du lieu où l'acte a été fait, d'après celle du lieu, où l'acte doit être exécuté, ou d'après celle du lieu, où sont manifestées les contestations incidentes, dont l'acte est le principe.

Il faut distinguer entre l'interprétation proprement dite de l'acte, ses effets, ses suites et les formalités d'exécution.

La loi du lieu du contrat doit être suivie, sauf volonté contraire exprimée ou présumée, pour fixer la portée et l'étendue de l'engagement des parties, par application de la loi XXXIV. D. *de reg. juris.* ; XXI, § 20 D. *de ædilit. edict*; art. 1159 C. N. (M. Merlin Rep. v° loi add. p. 690).

Mais cette règle cesse d'être applicable, quand un acte, au lieu d'être passé entre personnes de nationalité différente, est passé entre deux étrangers appartenant à la même nation, et quand cet acte doit être exécuté dans le pays des contractants. Il est probable qu'à moins de conventions contraires, expresses ou présumées d'après les termes de l'acte, ils ont entendu se référer pour ses effets et son exécution aux lois de leur patrie (*Hertius de collis. leg.* n° 10).

Même, quand l'acte serait passé entre des parties de nationalité différente, il peut y avoir lieu à interpréter le contrat d'après les lois du lieu où il doit être exécuté, plutôt que d'après celles du lieu du contrat. La circonstance qu'un contrat a été passé dans un lieu doit fléchir devant d'autres considérations supérieures. (Boullenois T. II, p. 495). Dumoulin (au Code de *summ. trinit. verbo, conclud. de statut.*) veut qu'on recherche d'après les circonstances quelle a été la volonté des parties. L'idée que les parties ont voulu se référer à la loi du contrat n'est qu'une présomption. « Il ne faut donc pas « généralement accorder, dit Boullenois (T. II, p. 501) « que, dans l'interprétation des contrats, on doive suivre « la loi du contrat, mais aussi il ne faut pas générale-

« ment le nier, cela dépend des circonstances, j'estime-
« rais néanmoins que, si l'on n'est balancé par aucune,
« ou si celles qui peuvent se balancer ne sont pas sensi-
« blement décisives, il y a raison pour lors d'adopter la
« loi du contrat. »

Les effets des actes doivent être régis d'après les mêmes principes.

Les effets légaux des actes, qu'un jurisconsulte hollandais (M. Meyer, principes sur les questions transitoires) appelle suites immédiates et nécessaires ; médiates et immédiates, d'après d'autres ; enfin naturelles suivant Hertius (*de collis. legum.* § 10), sont le résultat direct de l'intention qu'on doit supposer aux parties, lorsqu'elles ont déclaré former un contrat. Si l'exécution n'est pas régie par la même loi que la passation, on doit se reporter à la loi, sous l'empire de laquelle le contrat a été formé pour décider des effets actifs et passifs de l'acte (Merlin repert. v° effet rétroact. add. T. XVI, p. 262).

Mais les suites du contrat, que M. Meyer appelle suites ou conséquences accidentelles et éloignées, qui constituent des incidents imprévus, lors de la formation du contrat, et sur lesquelles les parties ne peuvent par conséquent avoir fait porter leur attention et leur volonté, sont régies par la loi du lieu, où elles se manifestent. Lorsqu'il s'agit de circonstances accidentelles, qu'elles n'ont pu prévoir ni par conséquent régler, ces parties doivent être réputées s'en être remises de ce soin aux lois, sous l'empire desquelles ces conséquences se

« manifesteraient, c'est ce que Boullenois explique en ces « termes (T. II, p. 47) « si les droits, qui naissent au pro- « fit de l'un des contractants, naissent par une cause nou- « velle et purement accidentelle *ex post facto*, dans ce « cas, il faut examiner où cette cause nouvelle prend « naissance, et c'est cette loi, qu'il faut suivre, quand d'ailleurs les parties n'en ont pas valablement disposé autrement. Les actes qui, bien que se rattachant à un acte antérieur, dont ils sont l'effet, constituent cependant des actes distincts et séparés, sont régis par la loi du lieu où ils sont passés.

Les formalités d'exécution, soit qu'elles consistent dans l'accomplissement de certains actes ou l'observation de certains délais, sont naturellement régies par la loi du lieu de l'exécution, puisque celui qui exécute et qui se trouve dans ce lieu ne peut être tenu de s'enquérir de formalités autres que celles qui y sont prescrites. (Burgundus, Tract. 4, n° 29).

Appliquons ces principes aux actes les plus usuels.

La vente suppose deux obligations principales et qui sont l'effet direct et immédiat du contrat, d'une part, l'obligation de délivrer la chose vendue, et d'autre part, celle d'en payer le prix. Ces deux obligations sont les mêmes dans tout lieu, néanmoins la loi du lieu du contrat règlera le droit de résolution accordé aux parties par défaut de délivrance ou de paiement partiel ou intégral, et la question de savoir si la tradition est nécessaire à la perfection de la vente, ou si la vente est parfaite, dès qu'il y a accord sur la chose et sur le prix (1583. C. N.) qui du vendeur ou de l'acheteur doit supporter la perte de la chose arrivée avant la délivrance. (Fœlix n° 110).

Lorsqu'une vente d'immeubles est faite à la mesure, ou avec indication d'une mesure, la mesure est déterminée par la loi du lieu de la situation de l'immeuble, (Boullenois, II. 497), et non, à moins de convention contraire, par la loi du lieu où la vente est passée, cependant la question a été discutée Chopin, (sur Anjou liv. II, tit. III, n° 10) citant un arrêt contraire du parlement de Paris 4 juillet 1583, en blâme la doctrine, *Justior tamen*, dit-il, *est diversa opinio venditi agri mensuram ex lege petendam situs prædiorum, non loci pactæ venditionis.*

Quant aux meubles, Boullenois s'exprime ainsi dans son tome II, p. 497 : « Que si la chose, qui est vendue « est mobilière et sujette à mesure, pour lors, si elle doit « être mesurée sur le lieu même, où elle doit être ven- « due, c'est pour ce cas que la maxime de Loisel a lieu, « *en fait de meubles, la mesure s'en doit faire selon le* « *lieu où la vente se fait*.. (Instit. cout. L. III, T. IV, « règle 19). Mais, si la chose mobilière, qui est vendue, « ne doit pas être mesurée sur le lieu actuel de la vente, « pour lors la chose doit être mesurée selon le lieu où « elle doit être prise. »

La loi du lieu où est la chose doit régler la mesure de la chose, parce que c'est dans cet endroit qu'elle doit être mesurée, et que le mesurage constitue un acte distinct de la vente, et qui, sauf conventions contraires, doit être régi par la loi du lieu où il est fait.

Pour le paiement du prix, en cas de doute sur la monnaie stipulée réelle ou de compte, quelle loi doit être suivie ? Un Allemand vend en Allemagne une terre à un Hollandais pour 2000 florins, payables en Hollande sans que l'acte porte quels florins les parties ont entendu désigner. D'après Everard (Consil. 68), Burgundus (Tract. 4, n° 29), il faut suivre la valeur du lieu du paiement, parce que, en indiquant un lieu pour le paiement, les parties sont présumées avoir voulu s'en référer à la valeur monétaire de ce lieu. Charondas est d'un avis contraire (Pand. Liv. II, ch. XXXIX). Boullenois se range à cette opinion dans le T. II, p. 499.

Si les deux contractants étrangers l'un à l'autre sont réunis au moment du contrat dans le domicile de l'un d'eux, la valeur monétaire du lieu du contrat servira de base à la fixation du prix stipulé payable dans un autre lieu. (*Scotanus Disput.* 8, n° 15). Mais une décision contraire devrait être donnée, si les deux contractants se trouvaient dans un lieu qui n'est le domicile ni de l'un ni de l'autre. Si les parties sont absentes et séparées, si elles contractent par lettres, le lieu, d'où part la proposition, semble être celui qui servira à fixer la valeur monétaire, puisque l'auteur de la proposition a dû songer à la monnaie, qu'il connaît le mieux, et celui à qui cette proposition a été faite a dû porter son attention sur cette valeur.

La réunion de deux étrangers appartenant à la même nation, dans un même lieu, n'influerait aucunement sur l'interprétation à donner sur la monnaie, à laquelle les deux parties ont pensé, *(Scotanus Disput.* 8, n° 9, 10.) à moins qu'ils ne fussent domiciliés dans le pays où ils traitent, ou que, sans y être domiciliés, ils s'y fûssent rendus pour y contracter, ainsi dans une foire pour les paiements des marchandises qui y ont été vendues. *(Scotanus eod. loco).* Si aucune présomption ne pouvait s'élever des circonstances, il faudrait recourir à la règle d'interprétation de l'art. 1162 C. Nap. et suivre la valeur monétaire la plus faible, d'après l'art. 1602, tout pacte obscur et ambigu s'interprétant contre le vendeur.

Quant au prêt, la valeur restituable se règle, en quelque lieu que doive se faire la restitution, par la valeur de l'expression monétaire du lieu où le prêt a été fait. S'il s'agissait d'autre chose que d'une somme d'argent, l'emprunteur, qui ne pourrait rendre la chose, devrait en restituer l'estimation, suivant la valeur de la chose prêtée au lieu, où la restitution doit être faite. *(Nicol. Reusnerus de quatuor obligat. caus. part.* 1, n° 78, cité par Boullenois, T, II, p. 500, Cod. Nap. 1897).

Le paiement doit toujours être fait dans la monnaie courante du lieu, où il est effectué. (Code civil d'Autriche art. 905, de Prusse part. I, Tit. V, §§ 256, 257, tit. II, § 32. Code comm. d'Espagne, art. 494, M. Fœlix, n° 120).

En cas de dépréciation de papier monnaie, ou diminution de valeur de la monnaie métallique au lieu du paiement, le créancier de ce pays ne pourrait s'y refuser mais, s'il était étranger, il serait sans doute contraint de recevoir la monnaie ou le papier du pays, mais seulement pour leur valeur réelle, mais il pourra citer devant ses propres juges son débiteur pour le faire condamner à payer la différence qu'il a dû subir. Quelquefois un pays, dont la valeur monétaire est dépréciée, prend des règles particulières pour les paiements à faire aux étrangers. (Règlement du 27 mai 1719, Loi du 29 nivôse an IV).

Quant aux paiements faits aux nationaux, qui ont été tenus de restituer à des étrangers ce qu'ils ont reçu pour leur compte en monnaie ou valeur dépréciée, ils ne doivent restituer que la valeur réelle qu'ils ont reçue, et non pas la valeur nominale. Ce qui a été jugé le 26 germinal an XIII par la Cour de cass. Dev. 2, 1, 98.

D'après l'art. 1895 du C. Nap. l'obligation qui résulte d'un prêt en argent n'est toujours que de la somme numérique énoncée au contrat. Cette disposition qui oblige les nationaux dans les contrats, qu'ils font ensemble, ne saurait les obliger dans ceux qu'ils font avec les étrangers, et payables en pays étranger, ni obliger les étrangers qui prêtent aux Français des sommes payables en France. (M. Pardessus, n° 1495).

La quittance est valablement donnée en la forme suivie dans le lieu du paiement, bien que cette forme soit autre dans le lieu du contrat, parce que c'est un acte *ex post facto* évidemment régi par la loi locale.

Cette loi doit servir de règle pour les offres de paiement et la consignation, (M. Pardessus 1495) et même pour la faculté de consigner. (Cass. 5 octobre 1814, Dev. 4, 1, 613.) Dans l'espèce d'un billet souscrit par un Français en Espagne au profit d'un Espagnol et payable à son domicile en France, la Cour a décidé, que, faute par le porteur de s'être présenté dans les trois jours de l'échéance, le souscripteur du billet avait pu se libérer en consignant la somme due conformément à l'art. 1 de la loi du 6 thermidor an VIII, attendu que cette loi ne fait aucune distinction entre les porteurs étrangers et les porteurs nationaux.

Comment les intérêts seront-ils réglés, quand la dette, sur laquelle ils sont dûs, a été contractée dans un lieu, et que le paiement doit être effectué dans un autre?

Examinons d'abord les intérêts dûs en vertu de la convention.

La règle générale estque, lorsqu'il s'agit de reconnaître la légitimité du taux de l'intérêt conventionnel, il faut suivre la loi du lieu où le contrat a été passé, L. I. D. *de usuris*, que Godefroy applique même *si alio loco agatur*. L'obligation de servir l'intérêt conventuel est un des effets immédiats du contrat et de l'obligation principale, cet effet doit dès lors être soumis à la même loi. (M. Merlin Repert. v° effet rétroactif, t. XVI, p. 258 et v° hypoth. t. V, p. 852. Rodembourg *de jure quod oritur*, t. IV, part. 2, ch. II, n° 5 et 6.) La loi du lieu où le contrat est passé décide si telle ou telle stipulation est licite ou illicite.

(Burgundus *ad consuet. Flandriæ*, nº 9-10.) La Cour de Bordeaux le 26 janvier 1831 (Dev. 31, 2, 178) et la Cour de Cassat. le 10 juin 1857 (Dev. 59, 1, 753) ont jugé que, lorsque deux Français sont convenus en pays étranger, où ils étaient domiciliés, d'un intérêt au dessus de 5 pour cent en matière civile, ou 6 pour cent en matière commerciale, la convention est exécutoire en France, si elle est conforme à la loi du lieu du contrat. Que décider, si les parties avaient à dessein contracté dans un lieu plutôt que dans un autre? Boullenois se prononce pour l'affirmative, t. II, p. 472,) et les anciens arrêts cités par lui) mais cette opinion doit être repoussée, le dé placement des parties constitue ici une fraude à la loi, dont l'une ne pourrait profiter, et qui ne pourrait obliger l'autre (M. Demangeat sur Fœlix, t. XI, p. 232, nº b.)

Il faudrait décider de même, si un immeuble était hypothéqué à la dette, et si la loi de la situation de cet immeuble, qu'elle fût ou non celle du lieu du paiement, n'admettait pas un intérêt aussi fort que celui qui a été stipulé conformément à la loi du lieu du contrat. (Cass 14 messidor an XIII. Dev. 2, I. 133). Voet (*ad Pandect. de rebus creditis* nº 29), qui soutient que, quoi qu'il faille, pour juger de la légitimité ou de l'illégitimité des intérêts d'un capital prêté s'en référer à la loi du contrat il en est autrement lorsque, pour la sûreté du prêt, il a été donné une hypothèque, et que, dans ce cas, on ne doit s'arrêter qu'à la loi du lieu où sont situés les immeubles hypothéqués. Mais Merlin, dans ses conclusions dans l'affaire précitée a fait remarquer que Voet confond ici la manière d'acquérir l'hypothèque en vertu d'une obligation, et les effets, que doit produire l'obligation hypothéquée. A l'égard des formalités requises pour acquérir hypothèque, on ne doit consulter que la loi de la situation des biens, mais pour déterminer les effets d'une obligation hypothéquée de la manière prescrite par la loi de la situation des biens, on ne doit consulter que la loi, à laquelle l'obligation elle-même est soumise.

Pourrait-on stipuler des intérêts plus forts que ceux qui sont dus dans le lieu du contrat, si d'ailleurs ils étaient conformes à la loi du paiement. Godefroy décide la négative, dans son commentaire sur la loi 20 D. *de juridict.* Mais il vaut mieux distinguer. Le lieu du paiement n'est-il le domicile ni de l'une ni de l'autre des parties qui contractent dans un autre lieu, alors elles ne peuvent stipuler l'intérêt légal du paiement, parce que ni leur convention ni leur personne ne sont régies par la loi de ce lieu, et que le paiement qui doit se faire en ce lieu, est un acte postérieur, qui ne peut valider une convention nulle dès le principe, d'après la loi, sous l'empire de laquelle elle est faite. (M. Massé I, p. 519).

Le lieu désigné pour le paiement est-il le domicile des deux parties ou de l'une d'elles ? Il semble qu'elles peuvent stipuler les intérêts au taux fixé dans ce lieu; les étrangers ne sont régis par la loi locale, qu'à défaut de leur loi nationale.

Les intérêts légaux sont réglés par la loi du lieu, où le

contrat a été conclu. Si la loi du lieu du contrat donnait à l'obligation la force de produire de plein droit des intérêts, tandis que celle du lieu désigné pour le paiement exigerait qu'elle n'en produisît que s'il y avait convention expresse à cet égard, il faudrait suivre la loi du contrat puisque c'est-elle qui règle le taux des intérêts. Même décision, quand aucun lieu n'a été déterminé pour le paiement.

Pour les intérêts moratoires dus par le débiteur, faute par lui d'avoir payé la dette dans le temps déterminé par la convention, la loi du lieu de paiement décide quel en est le taux et s'ils sont dus, parce que les conséquences de la convention à ce point de vue se produisent en ce lieu. Le droit aux intérêts naît à la suite d'une cause nouvelle et accidentelle parfaitement indépendante des stipulations originaires (Everard. Consil. 68. Boullenois. T. II, p. 477.)

Si aucun lieu n'a été désigné pour le paiement, quelle loi réglera l'intérêt moratoire?

Sera-ce celle du domicile du débiteur, ou celle du domicile du créancier? il faut distinguer. Le débiteur est-il mis en demeure par le seul fait de l'échéance du terme, le paiement devant être fait au domicile du créancier, c'est la loi de ce domicile qui règle les intérêts moratoires.

Le créancier doit-il interpeller le débiteur, pour le mettre en demeure, le lieu du paiement étant celui du domicile du débiteur, celui où l'interpellation doit lui être adressée, les intérêts moratoires seront réglés par la loi de ce domicile (Boullenois T. II, p. 478.) C'est la loi de ce domicile, qui décidera si pour faire courir les intérêts il faut une simple interpellation ou une demande judiciaire (Code Nap. 1153).

Supposons que le créancier ou le débiteur, au domicile desquels se produit le retard, change de domicile dans le temps intermédiaire à l'obligation et à son échéance, la loi du domicile au jour du contrat, ou celle du domicile au jour de l'échéance et de la mise en demeure réglera-elle les intérêts moratoires ?

D'après Boullenois, ce serait la dernière (T. II, p. 478.) parce que la demeure est encourue dans le nouveau domicile, où se feront les diligences ou les interpellations ; la loi du domicile antérieur ne saurait régir des faits nés *ex post facto*. On peut objecter qu'il serait facile alors au débiteur ou au créancier de changer leurs droits en changeant de domicile, ce qu'on ne peut admettre, puisqu'il y a une soumission tacite des parties à la loi du domicile, qu'elles avaient au jour du contrat, *quia, cum statim actio ex contractu nascatur*, dit Vinnius *et jus convenienди reum in loco domicilii creditori quæratur, cum quo forte alias non contraxisset, jus illud creditori facto debitoris adimi non debet.* (Instit. Lib. IV, tit. VI.). Mais on peut répondre à cette objection, que la demeure a eu lieu au nouveau domicile, que les intérêts moratoires sont la peine du retard, et doivent être déterminés par la loi du lieu où la peine a été encourue. Le créancier ne saurait se plaindre des conséquences de ce non-paiement telles qu'elles sont déterminées par la loi du nouveau domicile du débiteur, car les termes mêmes du contrat indiquent ce domicile comme lieu du paiement et dès lors il accepte d'avance la position, qui lui sera faite par cette loi dans le cas où le retard se manifesterait sous son empire, le tout sauf les cas de fraude.

Ces principes s'appliquent en cas d'intérêts conventionnels dus jusqu'à l'échéance du capital ou jusqu'à la mise en demeure. Les intérêts postérieurs sont dus au taux déterminé par la loi locale. (Jugé par la Cour d'Aix 14 janvier 1825, Dev. 8, 2, 7, (M. Demangeat sur Félix t. I, p. 233, note a), qu'une stipulation d'intérêts souscrite en pays étranger conformément à la loi du pays n'avait effet en France qu'en ce qui touche les intérêts échus avant la demande judiciaire ; que les intérêts courus depuis cette demande ne devaient être accordés qu'au taux déterminé par la loi française.

Il a été jugé par la Cour de cass. le 10 juin 1857, (Dev. 59, 1, 753.) que la décision contraire devait être adoptée, si les intérêts avaient été stipulés, non jusqu'à l'échéance, mais jusqu'au parfait remboursement du capital, ces intérêts ne seraient pas moratoires, mais une suite des intérêts conventionnels.

Les mêmes principes s'appliquent aux dommages-intérêts dus pour inexécution ou retard dans l'exécution d'une obligation (art. 1153. C. N.).

D'après quelle loi décidera-t-on, en l'absence de toute

stipulation, si l'obligation est ou n'est pas solidaire? Le lieu du paiement entrera en considération, parce que, si la solidarité tient au fonds du droit et à l'essence de l'obligation, en ce qu'elle lui donne plus de force, elle tient à son exécution, puisqu'en définitive elle se résume en un moyen d'exécution plus actif et plus sûr. Deux Français voyageant pour leur commerce en pays étranger achètent de compte à demi une partie de marchandises payables en France à leur domicile. Sauf stipulation contraire, la loi française régira la solidarité pour la conséquence d'une obligation qui devait y recevoir son exécution.

Quant à la solidarité qui résulte de la convention et qui a été expressément stipulée, la loi du contrat en régit les effets et l'étendue, et celle du lieu de l'exécution en règle l'exercice.

La contrainte par corps n'existe plus en France pour les obligations civiles et commerciales, aux termes de la loi du 22 juillet 1867. Demandons-nous si un Français, qui se serait soumis à la contrainte par corps dans une obligation passée en pays étranger avec un étranger, dont la loi admettait ce mode d'exécution, pourrait, afin de se mettre à couvert de cette contrainte, exciper de la loi française en France vis-à-vis des étrangers.

La négative ne nous semble pas douteuse. Les raisons, qui militent en faveur de cette décision, sont: 1° la loi qui défend de se soumettre à la contrainte par corps, est une loi d'ordre public. La circonstance, que l'obligation aurait été prise vis-à-vis d'un étranger, est ici complétement indifférente, parce qu'elle n'en change ni la nature ni le lieu, et que l'étranger, en contractant avec un Français, savait ou devait savoir que l'exécution de l'obligation ne pouvait avoir lieu que conformément aux lois françaises. Il n'est pas plus permis de faire usage de la contrainte par corps dans un lieu, qui ne l'autorise pas, qu'il n'est permis d'y mettre à exécution toute autre convention, que la loi locale déclarerait illicite. Boullenois était d'un avis contraire dans son t. I, p. 165, s'appuyant sur cette raison, qu'il convient mieux de déférer à la convention en l'exécutant de bonne foi, que d'y donner atteinte, en déférant à une loi, que l'étranger a pu raisonnablement ignorer, et que le Français a violée par dol et par surprise. Il s'autorise de l'opinion de Coquille, suivant lequel, *en France tout dol est coercé extraordinairement et par prison* (Inst. au droit français tit. des exécutions); maxime, qui d'après la législation antérieure à 1867, aurait motivé une condamnation à des dommages-intérêts, qui auraient pu entraîner la contrainte par corps, s'ils avaient dépassé la somme de 300 fr. en vertu de l'art. 126. du Code de proc. civ. Aussi Boullenois lui-même ajoute-t-il, qu'il ne saurait assurer que cet avis fût suivi, parce que l'ordonnance de 1669, art. 6, t. XXIV dont l'art. 2063 du C. Nap. n'est que la reproduction, faisait défense à tous juges de prononcer la contrainte par corps, à tous notaires et greffiers, de recevoir les actes, dans lesquels elle serait stipulée, et à tout Français de consentir de pareils actes, hors des cas expressément déterminés par la loi, encore qu'ils eûssent été passés en pays étrangers, et semblait entendre parler aussi bien des sujets français contractant en pays étranger avec des étrangers, que des sujets français contractant entre eux.

Il s'élève également des questions relatives à la garantie de l'éviction, ou des défauts de la chose vendue. En matière de vente, l'action en garantie ouverte au vendeur en cas d'éviction, est-elle régie par la loi du lieu de la situation de la chose vendue, par celle du lieu du paiement, ou enfin par celle sous l'empire de laquelle naît la cause, qui donne lieu à l'éviction.

Il faut d'abord écarter la loi de la situation de la chose vendue, immobilière ou mobilière, sauf stipulation contraire, parce que la garantie due par le vendeur à l'acquéreur en cas d'éviction ouvre à celui-ci une simple action personnelle en restitution du prix et en dommages-intérêts, ainsi que la loi du lieu du paiement, parce que le mode de paiement est hors de question et que l'action en garantie est une des obligations du vendeur, et non celle de l'acheteur.

Reste la loi du lieu de la formation du contrat, et celle du domicile du vendeur.

D'abord la question porte sur la durée de l'action.

Plusieurs systèmes se présentent pour la résoudre. Un premier système fait régir par la loi du domicile du créancier la prescription libératoire ou extinctive d'une ac.

tion personnelle, qui n'a pas d'autre objet que le paiement d'une obligation. Pothier, qui l'admet, s'exprime ainsi dans son traité sur la prescription n° 251 ; « les choses qui « n'ont point de situation, telles que les rentes constituées « et les meubles, sont régies par la loi qui régit la per- « sonne de celui qui en est propriétaire, c'est-à-dire, par « la loi du lieu, où est son domicile, c'est donc la loi de « ce lieu, qui en doit régler la prescription, et le proprié- « taire ne peut-être dépouillé des choses qui ne lui appar- « tiennent que par une loi à laquelle il soit soumis » mais la qualité de créancier est précisément mise en doute ; comment servirait-elle de base pour ré- soudre la question ? et le débiteur peut à bon droit soutenir qu'il ne s'est pas soumis à la loi de ce prétendu créancier, et qu'il ne peut être privé de son exception. Sans doute, en ce qui concerne l'avantage du créancier ou de ses ayants - cause, la loi de son domicile régit les actions personnelles, mais il en est autrement quand il sagit de l'intérêt du débiteur, comme le fait remarquer Merlin. (Repert. v° Prescription sect. I, § 3, n° 7, t. XXVII, p. 404 d'après *Burgundus ad consuetud. Flandriæ*, 2e traité N° 23.)

Le 2e système fait régir la prescription par la loi du domicile du débiteur, se fondant sur le caractère de la prescription, exception introduite dans l'intérêt du débiteur, dont le domicile doit la régir. La loi qui déclare une dette prescrite, dit M. Merlin (Repert. V° prescript. sect. I, § 3, n° 7, t. IX, p. 498) n'anéantit pas le droit du créancier en soi, elle ne fait qu'opposer une barrière à ses poursuites, et dès lors il est évident qu'elle ne peut être établie par la loi du domicile du créancier, mais seulement par la coutume du domicile du débiteur. Voët. (Pandect. Liv. XLIV, tit. V, n° 12) est de cette opinion. Mais que décider si le débiteur à changé de domicile depuis le contrat ? Quelle loi régira la prescription ? celle du domicile à l'époque du contrat, ou celle du domicile au moment de la demande ? D'après les uns, (M. Merlin, *eod. loc.*), c'est le dernier domicile. Pourquoi le créancier a-t-il laissé expirer les délais fixés par la loi en vigueur, avant d'actionner le débiteur à son nouveau domicile ? D'autres (M. Pardessus. n° 1495) prennent la loi du domicile qu'avait le débiteur, quand il s'est obligé.

D'après le troisième système, la loi du lieu, où la demande doit être portée, réglera la prescription, parce que la prescription se rapporte moins à la validité du contrat qu'à son exécution. *Ratio hæc est, quod præscriptio et executio non pertinent ad valorem contractûs sed ad tempus et modum actionis instituendæ, quæ per se quasicontractum separatumque negotium constituit.* (*Huber de conflictu legum n° 7 et de jurisprud. univers. livr.* III, Ch. xi, § 34).

Un quatrième système adopte la loi du lieu du contrat, prétendant que la durée d'une action fondée sur une convention regarde la substance même de cette convention et ses effets immédiats, puisque l'obligation dépend de la durée de l'action.

Cette opinion est préférable à la précédente pratiquement parlant, en ce que, d'après la précédente, le créancier aurait, pour porter sa demande, le choix entre les trois tribunaux de l'art. 420 C. procéd, résultat contraire au but de la prescription qui est de fixer la propriété ou lé droit des débiteurs et des créanciers par un laps de temps certain, (Hertius *de coll.* leg. § 65) mais on peut objecter à ce système que la prescription touche en effet à la force même de l'obligation, mais au fond elle dérive de l'éxécution, dont elle n'est qu'une exception : elle naît précisément de l'exécution et du temps où elle a lieu.

Le cinquième système est mixte, en ce qu'il fait prévaloir la loi du lieu du paiement, quand un lieu a été indiqué, et celle du domicile du débiteur, quand aucun lieu n'a été indiqué pour le paiement, parce qu'alors c'est à ce domicile que l'obligation est payable. (Christianœus, vol. 1 decis. 283. n° 12; Burgundus tract. 4, n° 27 ; Demangeat sur Fœlix t. I, p. 222. note a.)

« La raison en est simple, dit M. Troplong. (Pres« cription n° 38,) la prescription afin de se libérer est en « quelque sorte la peine de la négligence du créancier. « Or, dans quel lieu le créancier se rend-il coupable de « cette faute ? C'est évidemment dans le lieu où il doit « recevoir son paiement; donc il encourt la peine établie « dans ce lieu, donc la prescription qu'il doit subir se « règle par la loi du même lieu. » M. Troplong cite un arrêt du sénat de Chambéry de 1593, qui aurait ainsi jugé dans une espèce rapportée par le président Favre.

(Code Liv. I, tit. V, def. 3, p. 41.) Par là disparaissent les difficultés sur le point de savoir à quelle résidence s'attacher en cas de changement de domicile. Le paiement doit se faire au domicile du débiteur; il faut une convention contraire, pour qu'on n'entende pas par là le domicile actuel du débiteur, où le paiement est réclamé; c'est ce domicile qui règle la prescription.

Les questions relatives aux cas dans lesquels l'action en garantie peut être exercée et aux effets de la garantie se rattachent au lieu du contrat, c'est dans cette loi que nous devons rechercher les dispositions qui sont devenues des stipulations tacites de la convention. Le vendeur sera sans doute assigné à son domicile, parce que c'est une action personnelle, mais si la loi de ce domicile régit l'action dans sa forme, c'es la loi, où l'action puise son origine et ses conséquences, qui régit le fond.

La loi 6. D. *de evictionibus* donne une décision sur la question de savoir si, dans le cas où une vente est faite dans un lieu où tout vendeur est obligé de donner caution pour la garantie, le vendeur est obligé à cette charge, quoiqu'il ne soit pas domicilié en ce lieu, et que la chose vendue soit située ailleurs. *Si fundus venierit, ex consuetudine ejus regionis, in quâ negotium gestum est, pro evictione caveri oportet,* et cette loi résout la question en faveur de la loi du lieu du contrat. A cette opinion se rattache M. Rocco cité par M. Massé I, p. 335. L'éviction, dit-il, est une des conséquences naturelles de l'obligation, *consequenter ex naturâ obligationis procedit*. Lors donc que les contractants n'ont pas renoncé à la loi du lieu du contrat, on doit présumer que leur volonté a été de s'y soumettre et de faire de sa disposition une des clauses de leur contrat. C'est pourquoi la loi romaine prescrit, en cas d'éviction, de suivre la loi ou la coutume du lieu du contrat, sans s'occuper de la loi de la situation de la chose soumise à l'éviction, et encore moins de celle du lieu où doit se faire le paiement. M. Fœlix embrasse cette opinion T. I, n. 3. M. Demangeat sur M. Fœlix p. 237 pense qu'il faut suivre la loi du domicile du vendeur ou de l'acheteur.

Des auteurs (Lauterbach. Dissert. 104, part. III, n° 58; *Christianæus* vol. 1, decis. 283. *Marcardus conclus.* 7, n° 75.) s'appuyant sur la loi romaine précitée, décident que la loi du lieu où la vente est devenue parfaite doit régir l'obligation de donner caution pour la garantie, sauf stipulation contraire, se fondant sur ce que cette caution est une formalité requise *ad firmitatem contractûs*, un mode ajouté à la garantie due par le vendeur, *onus conventionis et obligationis*, qui fait partie du lieu du contrat, et en concluent que la caution doit être fournie conformément à la loi du lieu où le contrat est devenu parfait. Dumoulin ne voit dans la loi *si fundus* qu'une espèce particulière régie également par une règle spéciale, qu'on ne peut étendre, parce que le statut, qui régit l'éviction quant à la caution, n'est pas réel, mais personnel *non concernit rem sed personam*, *quia satisdatio est præstatio personalis*, et conclut que, sauf volonté contraire, le vendeur est présumé n'avoir voulu s'obliger que selon la loi de son domicile.

Boullenois (T. II, p. 461) admet cette opinion, parce que la caution, que le vendeur est obligé de donner pour garantie de la vente, n'est qu'un mode qui caractérise la sorte de garantie, qui est due par le vendeur, et n'appartient incontestablement ni à la preuve ni à l'authenticité de la vente, ni au lieu du contrat, parce que la vente n'en est pas moins parfaite et obligatoire entre les parties. La nécessité de garantir la vente étant à la vérité du nombre des choses qu'on appelle *naturalia contractûs,* mais seulement *ex consuetudine tantùm.*

La garantie des défauts cachés de la chose vendue se règle d'après les mêmes principes (art. 1648 du Code Nap.). En effet, quoique cet article ait cessé d'être applicable dans un grand nombre de cas depuis la loi du 20 mai 1838, spéciale aux ventes d'animaux domestiques, qui a remplacé les usages locaux par des règles uniformes, le principe posé par cet article subsiste toujours pour tous les cas non prévus par la loi nouvelle, ainsi que pour les ventes faites sous l'empire d'une législation autre que celle du domicile du vendeur ou du lieu du paiement.

La loi du lieu où la vente est faite détermine donc les cas où il y a lieu d'exercer l'action redhibitoire (*Colerus* cité par Boullenois T. II. p. 476). La décision de

Boullenois est dictée par cette considération que, s'agissant d'une chose mobilière et d'un marché dont le contrat et l'exécution se consomment sur-le-champ, l'intention des parties ne peut être autre que de se conformer aux lois du lieu où elles contractent.

Mais la véritable raison de décider, comme dit M. Massé (T. I, p. 551.) se trouve dans cette considération que le droit de recourir contre le vendeur pour les défauts cachés de la chose vendue, tient au lieu du contrat qui ne se serait pas formé, si les défauts avaient été connus et apparents. L'obligation de garantir l'acquéreur contre les vices de la chose vendue découle de la vente ; sauf convention contraire, l'action qui régit le contrat régit également cette obligation. La même loi règle la durée de l'action redhibitoire, qui n'est pas une prescription ordinaire, mais une des conditions de l'exercice de l'action fondée sur un vice caché de la chose, vice qui n'est réputé avoir existé au moment de la vente et ne peut en conséquence donner lieu à une action en garantie, qu'autant que cette action est intentée dans un délai déterminé, suivant la nature de la chose et du vice, dont se plaint l'acheteur.

DES ACTIONS EN RESCISION, RÉSOLUTION, RÉVOCATION, OU RÉDUCTION.

Un contrat régulier peut être rescindable pour certains vices intrinsèques; à raison de ces vices, la loi, sous l'empire de laquelle il a été formé, peut permettre aux parties de demander la rescision du contrat : ainsi le dol, la violence, l'erreur, ou la lésion; ici quatre lois se présentent pour décider cette question: celle du lieu où le contrat a été formé; celle du domicile de la partie contre laquelle elle est formée; celle du lieu de l'exécution ou celle du lieu de la situation de la chose.

Il faut distinguer. S'agit-il d'une chose immobilière : le statut réel et en conséquence la loi de la situation de l'immeuble revendiqué décideront. (M. Fœlix (Droit internat. n. 93.) qui cite deux arrêts de la Cour suprême du grand duché de Hesse séant à Darmstadt rendus dans la cause de M. Bourdon, contre le prince d'Isenbourg, du 19 mars 1819, et de 1820.) S'agit-il de meubles sans assiette fixe; la loi du contrat deviendra applicable, parce que les parties, quand elles ont traité, étaient dans la croyance que la loi du lieu où elles ont contracté déciderait sur la question des vices intrinsèques du contrat.

Comment décidera-t-on la question de savoir si l'action en rescision est ouverte à l'acquéreur aussi bien qu'au vendeur ? Quelle loi régira les parties sur ce point? En effet, des législations étrangères peuvent, contrairement à l'art 1683, admettre la rescision demandée par l'acquéreur.

D'après M. Fœlix, droit intern. n° 111, lorsque la loi accorde à l'acheteur comme au vendeur le droit de faire rescinder la vente pour cause de lésion, l'action de l'acheteur devra être accueillie en France malgré l'art. 1683.

D'après M. Massé (T. I, p. 554.), la propriété de l'immeuble faisant le fond de la contestation puisque l'action de l'acheteur tend à ce que l'acquéreur reprenne l'immeuble, le statut réel ou la loi de la situation de l'immeuble régira l'action de l'acquéreur comme celle du vendeur.

L'action en rescision fondée sur l'incapacité de l'un des contractants sera régie par le statut personnel, parce que la cause de l'action, qui résulte de l'état de la personne, est personnelle, quoique son objet soit un immeuble, *quia actio personalis est dignior reali* (Bacquet. Droits de justice. Ch. VIII, n° 29)

L'action en rescision est ouverte en France aux étrangers comme puisée dans le droit des gens. (Arrêt du parlement de Paris 18 juillet 1616, rapporté par M. Troplong de la vente T. II, n. 799.)

Quasi-contrats.

Les quasi-contrats sont régis par les mêmes règles que les contrats, en ce que, le fait d'où résulte le quasi-contrat ayant été accompli dans un lieu, c'est la loi de ce lieu, qui en déterminera l'exécution et les effets. Ainsi le *negotiorum gestor* de l'art. 1372, et celui qui reçoit l'indu de l'art. 1376 du Code Nap. doivent être jugés par la loi du lieu où ces faits se sont accomplis (M. Fœlix droit intern. I, n° 114).

La règle précédente souffre une exception relativement au mariage.

DES CONTRATS DE MARIAGE PASSÉS A L'ÉTRANGER.

Le contrat est réputé passé dans le lieu où les parties se proposent, en célébrant le mariage, de fixer leur domicile, qu'on appelle le domicile conjugal, c'est la loi de ce lieu qui interprète les conventions nuptiales expresses ou tacites. (Merlin, Repert. t. XVI, p. 691. Boullenois T. I, p. 802. et T. II, p. 258 et s.; C. cass. 30 janv. 1854 Dev. 54, 1, 268.) par application de la loi 65. D. *de judiciis· Non oportet spectari locum, in quo instrumentum dotis factum est, sed eum, in cujus domicilium et ipsa mulier per conditionem matrimonii reditura est.*

Le domicile conjugal se détermine par l'intention et le fait. Quand ces deux conditions se trouvent contraires, le domicile matrimonial est celui qu'avait le mari au moment du mariage. Ainsi un Italien marié en Italie avec une Française, quoique ayant déclaré son intention de venir habiter en France et d'y fixer son domicile, s'il a continué de résider en Italie, aura toujours l'Italie pour domicile matrimonial. Quand il n'y a pas de contrat, du fait il faut déduire l'intention, (aff. Hervas. Cass. Dall. 1831, p. 112.)

Pour le Français, qui contracte un mariage à l'étranger soit avec une Française soit avec une étrangère l'association conjugale sera toujours régie par la loi du domicile matrimonial.

Cette question se résoud en celle-ci: Le Français a-t-il de fait et d'intention abdiqué son domicile d'origine ?

L'art. 17 du Code Nap. indique les causes qui font perdre la qualité de Français. Si l'époux s'est marié après avoir perdu cette qualité, il aura pour domicile matrimonial le lieu de son mariage. Recouvre-t-il la qualité de Français, il ne changera de domicile matrimonial que par une manifestation d'intention. Si le Français résidant à l'étranger fait rédiger par écrit ses conventions matrimoniales dans les formes voulues et adopte le régime même qu'elle a créé, ce contrat de mariage sera regardé comme nul par la loi française, s'il contient des clauses contraires à la loi française, parce que, tant que le Français n'a pas perdu sa nationalité, il ne peut adopter à l'étranger un régime, qu'il ne pourrait adopter dans son propre pays. Le contrat de mariage tient essentiellement à l'état de la personne.

Supposons que la loi que le Français se propose d'adopter dispose que la femme aura l'administration de la dot, ou bien qu'elle aura le droit d'aliéner ses propres sans le consentement de son mari, ce contrat de mariage sera nul aux yeux de la loi française, non-seulement à l'égard du mari, mais encore à l'égard de la femme, puisque le domicile matrimonial est le même pour elle que pour lui, parce que la loi ne permet pas de renoncer aux droits civils, tant qu'on n'a pas abdiqué la qualité de Français.

Quel serait l'effet d'un contrat de mariage souscrit en

pays étranger par des étrangers ne jouissant d'aucun de nos droits civils, mariés, domiciliés et résidant en pays étranger, avec soumission expresse à l'un des régimes établis par notre Code? Ce contrat qui n'aurait aucune valeur en France pour des difficultés nées en pays étranger même entre les époux, en aurait une devant les Tribunaux français, à raison des biens, droits et actes soumis à la loi française, à condition toujours qu'il ne contînt rien de contraire à cette loi ; il ne faudrait pas en conclure cependant que le domicile matrimonial des époux fût la France, seulement les tribunaux français deviendraient compétents pour les débats, qui peuvent surgir de l'association conjugale.

Il peut arriver que la loi du pays, où le mariage est contracté par le Français, dispose que, quels que soient le pays et le domicile du mari, l'association conjugale sera réglée par la loi du lieu où le mariage sera célébré. Le Français s'y est-il soumis aux yeux de la loi française? nous ne le pensons pas. La loi française, tant que l'époux est français, et qu'il n'a pas changé de domicile, le régit, donc tout contrat de mariage souscrit dans ces conditions par un Français et le soumettant au régime matrimonial d'un pays étranger, est nul. Supposons que le douaire, d'après le statut de la femme, soit tellement attaché à sa condition d'épouse, qu'il ne fût pas permis à celle-ci d'y renoncer, la loi française n'admet pas le douaire légal, et cette convention entre la femme et le mari, valable pour les biens situés à l'étranger, n'aurait aucune valeur pour ceux situés en France, en vertu de l'art. 3. du Code. Même décision à l'égard du préciput. La loi du contrat est celle du mari, et non celle de la femme ; de même, si le statut de celle-ci ne lui donnait que le quart de la communauté ou si le statut de la femme lui défendait de stipuler d'autre régime que celui de la communauté d'acquêts ou la séparation de biens.

Ici s'élève une question fort débattue entre les auteurs, c'est celle de savoir si l'hypothèque légale sans inscription, que notre législateur accorde à la femme sur les biens de son mari, doit protéger aussi la femme étrangère.

La plupart des auteurs considèrent l'hypothèque légale comme un bénéfice de la loi civile, dont les Françaises seules doivent jouir. (Grenier, des hypoth. t. I, n°s 246-247; Dalloz aîné. Répertoire v° Hypoth. p. 195, v° 12; Duranton t, XIX. n° 292 ; Aubry et Rau sur Zachariæ T. II, § 264. n^{e} 15; Gaudry revue de Législation T. II, p. 300; Fœlix rev. étrang. T. II, p. 25 de la 3e série ; Massé Dr. comm. II, n° 827; Devillen. Recueil de lois et arrêts VII. 2, 212, notes; Bellot des Miniéres contrat de mariage n° 52; Demol. T. I, 240. — 88.

D'après ce système, un acte étranger, comme un acte de mariage étranger, ne peut donner ni hypothèque légale ni hypothèque conventionnelle 2123—2128. C. Nap. ; ces actes ne peuvent produire des effets civils relatifs au statut réel, parce que les biens situés dans un pays ne peuvent être affectés par les actes passés dans un autre que de la manière déterminée par la loi de la situation.

Or la loi française ne permet pas que l'hypothèque résulte d'un acte étranger.

L'hypothèque considérée en elle-même est du droit des gens, mais, au point de vue de l'acquisition, elle est du droit civil.

Si on admet l'opinion contraire, en la poussant jusqu'à ces dernières conséquences, on dira que la femme étrangère y aura droit, même quand la loi étrangère ne l'admettra pas.

Les jugements rendus, les contrats passés en pays étrangers sont impuissants pour confirmer l'hypothèque en France, à moins qu'ils n'aient l'attache du tribunal français, et l'on voudrait que l'hypothèque légale de la femme ou du mineur fût inhérente à un simple acte de mariage passé en pays étranger, sans aucun contrôle, sans aucune sanction de l'autorité française.

L'hypothèque considérée en elle-même sous le rapport des droits, qu'elle confère au créancier, peut à juste titre être rangée parmi les institutions du droit des gens, mais l'hypothèque légale envisagée dans le mode de sa constitution est au contraire du droit civil, parce qu'elle rentre évidemment dans la classe de ces institutions, qui ne doivent leur origine qu'à la législation positive, qui, admises par tel peuple d'une manière plus ou moins étendue, sont absolument rejetées par tel autre, et de fait cette hypothèque n'est point reçue en Angleterre, en Écosse, Hollande, Autriche, Russie, et dans plusieurs des cantons suisses. L'art. 2121 confère l'hypothèque légale à l'état, aux communes, aux établissements d'utilité publique, ira-t-on, si on veut être conséquent, jusqu'à permettre à ces personnes morales étrangères d'exercer une hypothèque légale sur les biens que leurs receveurs possèdent en France ?

Cette doctrine qui a pour elle la Cour de cassation et les Cours d'appel, moins deux arrêts, Grenoble 19 juillet 1849 (T. 2. 1850. p. 233, *Journal du Palais*) et Alger 21 mars 1860 (vol. du *Journal du Pal.* 1861 p. 629.) est combattue par des jurisconsultes d'une grande autorité, (Merlin Rep. au mot remploi § 2, n° 9, quoique au mot hypothèque sect. I, § 5. no 12, il se soit prononcé en sens opposé. MM. Valette, Privil. Hyp. I, n° 513, Troplong. Priv. et Hyp. II, n° 139, p. 267 et Rodière et Pont. cont. de mariage I, 174 Pont. Privilèges et Hyp. n° 432 et suiv.; Demangeat cond. civ. des étr. en France p. 380 n° 82; Rapetti condit. des étrang., p. 121. Cubain droits des femmes n° 679, un article de M. Labbé sur l'arrêt de la Cour de cass. du 20 mai 1862. *Journal du Palais* 1862. p. 561-564.

Il faut d'abord écarter le cas où un traité existe entre la France et le pays étranger. Les femmes suisses ont hypothèque sur les biens de leurs maris situés en France, quand la législation du canton auquel elles appartiennent accorde l'hypothèque légale aux femmes françaises sur les biens situés dans ce canton. (Traité du 30 mars 1827 art. 1 et 3.) Il en est spécialement ainsi dans le canton de Genève. (Paris 19 août 1851. Sir. 53. 2. 117.) La Cour de Grenoble (29 mars et 27 août 1855. Sir. 56, 2, 485, 489.) admet en vertu d'un traité du 4 mars 1760 les femmes sardes à exercer l'hypothèque légale sur les biens de leurs maris situés en France. (Aubry et Rau sur Zach., 662 n° 12.)

Ce point établi, pour savoir si la femme étrangère a une hypothèque légale sur les biens de son mari situés en France, il faut résoudre cette question : Quels sont les droits dont les étrangers jouissent en France? L'hypothèque légale est-elle au nombre de ces droits? De là trois systèmes. Pour ceux dont l'opinion est que l'étranger jouit en France de tous les droits, qui ne lui sont pas expressément refusés, point de difficulté, les étrangers peuvent avoir en France une hypothèque, même une hypothèque légale, car aucune loi ne leur en retire l'avantage. C'est le système de M. Valette et de M. Demangeat.

M. Demolombe adopte le système contraire, mais, tout en reconnaissant que, dans l'esprit des art. 3 et 16, les étrangers jouissent des droits relatifs à la propriété immobilière et à tous ses démembrements, ce jurisconsulte n'en décide pas moins que l'hypothèque légale n'existe pas au profit de la femme étrangère, parce que cette hypothèque ne forme qu'une disposition accessoire de la loi personnelle du mariage, de la minorité, de l'interdiction et qu'elle ne devait pas dès lors appartenir aux étrangers, mais uniquement aux Français, seuls régis par cette loi personnelle, dont les dispositions corrélatives et indivisibles sont tout à la fois pour eux des lois d'incapacité et de protection. Enfin d'après un troisième système, il faut distinguer entre le droit naturel ou le droit des gens et le droit civil.

D'abord on peut répondre qu'il est impossible de ne point reconnaître dans une faculté accordée à l'homme le mélange de droit naturel et de droit civil. Les droits ont tous et toujours existé, seulement les législations positives s'approprient tel ou tel de ces droits. Enfin les rédacteurs du Code, esprits généralement pratiques, se sont inspirés d'un tout autre esprit, car, d'après le Code de 1804, l'étranger, qui pouvait disposer par testament, acte du droit civil, de ses biens situés en France, ne pouvait pas recevoir par donation, contrat du droit des gens.

On a dit : l'hypothèque est du droit civil. Mais pourquoi? Est-ce parce qu'elle est particulière à certains peuples? Non, elle est de droit commun chez les nations civilisées; est-ce parce que l'hypothèque n'a pas toujours existé? mais la prescription trentenaire est dans ce cas; plusieurs contrats commerciaux sont du droit des gens, sans qu'ils aient une date bien ancienne.

L'argument tiré des articles 2123 et 2128 invoqué par l'opinion contraire, ne prouve rien, parce que les conditions qu'il impose, peuvent être aussi bien remplies par les étrangers que par les Français.

Quel texte confère aux étrangers l'hypothèque conventionnelle et judiciaire? dira-t-on que les étrangers en sont privés?

Pourquoi la Cour de cassation ne refuse-t-elle pas au vendeur étranger le privilége sur l'immeuble vendu, l'action en rescision pour lésion ainsi qu'en matière de partage ? Cependant ces facultés sont d'origine récente et de création parfaitement arbitraire.

La minorité est admise par la jurisprudence universelle comme une cause d'incapacité de contracter, que peut invoquer l'étranger, or, l'hypothèque légale découle de cette protection, que la législation française accorde à la femme mariée contre la mauvaise administration de son mari.

On objecte le peu de notoriété des mariages étrangers, qui expose à de grands dangers ceux qui traiteront avec le mari, tandis que l'hypothèque légale, dangereuse en elle même par son manque d'inscription, peut cependant être admise en France à raison des publications exigées pour les mariages contractés en France par des Français, par les articles 166, 167, 168, C. Nap. et à l'étranger par des Français, par les articles 170, 171.

On répondra que l'absence de la transcription ordonnée par l'article 171, C. Nap., ne nuit pas à la femme, c'est un point acquis en jurisprudence et admis par la plupart des jurisconsultes.

Des auteurs admettent que l'hypothèque légale devrait être accordée à la femme étrangère, mais que l'état de non-réciprocité existant dans les pays voisins, exige qu'on la lui refuse jusqu'à ce que cet état existe au moyen de traités.

Cet argument nous paraît sapé dans sa base depuis la oi du 14 juillet 1819, qui avait pour but d'attirer les capitaux en France, et qui comprit qu'il valait mieux pour la France attirer les étrangers chez elle, que de faciliter aux Français les moyens de s'établir à l'étranger. La loi belge du 16 décembre 1861, dans l'art. 2 des dispositions additionnelles, a résolu la question dans le sens libéral, « La femme étrangère, dit-elle, même mariée en « pays étranger, aura hypothèque légale sur les biens de « son mari situés en Belgique.»

Ce point démontré, s'élève la question suivante :

La femme mariée étrangère a-t-elle en France une hypothèque légale en vertu de la loi française ?

Nous croyons que la loi personelle de la femme doit lui accorder cette faveur sur les biens du mari, pour qu'elle en jouisse en France. La loi nationale de la femme est seule compétente pour régler le mariage, connaître ses mœurs, l'éducation, l'énergie morale des sujets qu'elle gouverne ; seulement la loi territoriale doit être observée quant aux conditions d'existence et d'efficacité de l'hypothèque parce que la manière dont une hypothèque s'acquiert et se conserve fait partie de l'organisation de la propriété dans un pays, intéresse les tiers qui traitent avec le propriétaire, et se rattache au statut réel.

Dira-t-on que c'est soumettre un immeuble français à une loi étrangère, contrairement à l'art. 3 C. Nap.? Nous répondons que la question de savoir si une hypothèque doit être accordée à telle ou telle personne incapable ne se rapporte nullement à la constitution de la propriété en France, des démembrements dont elle est susceptible, des conditions de sa transmission, objets de cet art.

En effet la loi française fixera les conditions, moyennant lesquelles l'hypothèque existera, ce sera la loi étrangère, qui décidera si telle personne a besoin de cette garantie.

L'hypothèque ne relève pas du statut réel comme l'affirment certains auteurs, (MM. Merlin, Troplong, Rodière et Pont,) pour prouver que l'hypothèque légale doit être accordée à la femme étrangère, car, ceci même admis, les étrangers ne seraient pas pour cela admis à ce droit. Les successions immobilières sont en effet rattachées au statut réel, et cependant, sous l'Empire du Code Napoléon, les étrangers ne succédaient pas en France

Est-ce un statut personnel, comme le soutiennent MM. Valette, Demangeat, Rapetti, Cubain, et même M. Demolombe, quoiqu'il en conclut que, justement pour cette raison, l'hypothèque ne peut appartenir à une femme étrangère sur des biens situés en France? Non, la capacité d'un étranger, qui acquiert un immeuble en France, et par suite la validité même de l'acquisition sont régies par la loi nationale d'un étranger. La loi du territoire est souveraine, seulement elle peut, afin de réaliser une meilleure justice, s'en référer à une loi étrangère pour la solution de certaines questions.

EFFETS DES MARIAGES CONTRACTÉS A L'ÉTRANGER.

Aux termes de l'édit d'août 1669, des déclarations des 18 mai 1682, 16 juin et 6 août 1685, les Français ne pouvaient se marier en pays étranger sans la permission du roi. (Repert. de Merlin T. VIII v° mariage section IV. § 2. n. 9.) Notre Code n'a pas renouvelé cette défense, qui avait même déjà cessé d'exister sous l'empire de la loi du 20 novembre 1792. (Cass. 16 juin 1829 Sirey 1829 I. 261.) Les Français peuvent se marier en pays étranger soit entre eux, soit avec des étrangers. Il reste encore une trace d'une prohition de mariage à l'étranger dans l'art. 26 de l'ordonnance du 26 août 1833, qui a produit la disposition de l'ordonnance antérieure du 3 mars 1781 T. I, art. 22, et qui prononce la peine de la révocation contre le consul, qui se marie sans l'agrément de l'empereur, déchéance dictée par le désir de maintenir l'indépendance des consuls.

Nous avons vu déjà le mariage contracté à l'étranger au point de vue de la forme. Examinons ses effets.

D'après les art. 170 et 171 la célébration des mariages français en pays étrangers paraît être soumise à quatre conditions.

Le Français ne doit pas avoir contrevenu aux dispositions du chap. I du titre du mariage.

Le mariage doit avoir été célébré dans les formes usitées dans le pays.

Il doit avoir été précédé des publications en France.

L'acte de mariage doit avoir été transcrit sur les registres de l'état civil dans les trois mois après le retour en France du Français.

La première condition n'est que l'application de l'art. 3.

La deuxième a été examinée par nous dans la partie de notre travail relative aux formes.

Le Français doit-il avoir résidé pendant plus de 6 mois dans l'endroit où il se marie? La première rédaction de l'art. 170 l'exigeait seulement pour le mariage de deux Français à l'étranger, dans le but d'éviter l'absence de notoriété résultant frauduleusement du mariage de deux Français, qui se rendraient en pays étranger pour cacher leur union, mais l'intérêt majeur du mariage l'a emporté, puis la notoriété produite par la résidence en France pendant six mois est nécessaire, mais celle résultant d'un séjour de six mois à l'étranger ne remplirait pas le but de la loi qui est de faire connaître le projet de mariage dans l'endroit, où les futurs époux habitent depuis un certain temps; aussi le Premier Consul proposa-t-il et obtint-il le retranchement de la deuxième partie de l'art. 170 (Locré législ. Civ. T. IV, pages 341, 352, art. 15 de l'ordonnance du 23 octobre 1833.) Nous ne parlerons pas des mariages contractés par les militaires et autres personnes employées à l'armée française occupant un territoire étranger, parce que, d'après la maxime qui sert de base à tout le chapitre v du titre des actes de l'état civil: *Là où est le drapeau, là est la France,* ce ne sont point à proprement parler des unions contractées en pays étranger.

Les publications des mariages contractés par les Français en pays étranger doivent être faites en France, d'abord à raison du renvoi de l'art. 170 à l'art. 63, puis le but de l'art. 170 est de faire connaître en France le projet de mariage du Français, et les officiers publics étrangers ne peuvent être requis d'accomplir cette formalité. Cette exception à la règle, *locus regit actum,* est justifiée par le caractère spécial de cette forme se liant intimement à la capacité personnelle des parties et à ses conséquences en France.

Les communes, où cette formalité est exigée, sont les mêmes que celles où devrait être publié le mariage célébré en France. L'art. 63 par son silence renvoie logiquement aux art. 166-168, de même que l'art. 170 vise directement l'art. 63 et indirectement les art. 166, 167, 168, la publicité de ces unions devant être aussi large que possible.

Les publications sont-elles toujours exigées ? La résidence plus ou moins longue du Français à l'étranger semblerait devoir n'avoir aucune influence sur l'accomplissement de cette formalité : cependant il résulte de la discussion au Conseil d'État, (Locré, Législ. civ. T. IV, p. 350, 351) qu'on aurait eu l'intention de dispenser de publications en France le mariage du Français établi depuis de longues années à l'étranger et qui n'a point conservé de domicile dans sa patrie. Il faudrait, pour qu'on l'exigeât, qu'il fût sous la puissance d'autrui au point de vue du mariage et qu'on se conformât à l'art. 168.

D'après certains auteurs, le Français qui ne se trouve pas dans ces conditions n'a pas besoin d'obtempérer aux prescriptions de l'art. 63, parce que, outre le motif tiré de la discussion au Conseil d'État, la crainte d'un voyage fait exprès à l'étranger pour échapper à la notoriété du mariage, n'existe pas à l'égard du Français établi à l'étranger.

Quant à la spécification des cas où le Français sera dispensé de publications en France, les auteurs se divisent: M. Toullier (tit. I, n°578), exige une résidence de 6 mois, en s'appuyant sur l'art. 15 de l'ordonnance du 23 octobre 1833. Merlin (*Répertoire*, T. XVI, *v° bans de mariage*). Zachariæ (T. III, p. 312, note 2), veut que le Français n'ait plus en France d'habitation ; MM. Delvincourt (T. I, p. 68, note 5), Duranton (II, n° 237), qu'il n'ait plus de domicile en France. En présence de cette incertitude de doctrine, ne vaut-il pas mieux se conformer aux art. 94, 170, et faire faire les publications au dernier domicile du Français ou à celui de sa famille, sauf le cas où toute espèce de domicile serait inconnu? Mais quelle est la sanction de l'art. 170? D'abord la nullité devrait être prononcée si, en supposant le mariage célébré en France, il eût été nul : ainsi dans le cas de contravention aux règles des art. 144, 147, 148 et suiv. 161 et suiv. 184-191, parce que l'art. 170 renvoie au chapitre I du titre I du mariage; mais que décider à l'égard du manque de conformité aux art. 151 et suiv.; en un mot les empêchements simplement prohibitifs à l'égard des mariages célébrés en France deviennent-ils dirimants à l'égard de ceux célébrés à l'étranger?

La première opinion radicale annule le mariage contracté sans publications préalables en France, invoquant le texte de l'art. 170 : *sera valable.... pourvu que....* et tirant de ces mots un argument *a contrario.*

Les publications sont le seul moyen de publicité du mariage contracté à l'étranger. La pénalité édictée par l'art. 192 ne peut atteindre l'officier public étranger, non plus que celle de l'art. 157 pour le manque d'actes respectueux. Ne pas donner de sanction à l'art. 170 serait ouvrir une porte à la clandestinité des mariages, et porter atteinte à l'exercice du droit d'opposition.

Si le chapitre IV du titre du mariage ne mentionne pas cette nullité, l'art. 191 qui en fait partie annule le mariage non publié, or le mariage célébré en pays étranger sans publication en France n'est pas publié.

Pour les actes respectueux, le texte de l'art. 170 suffit avec une sanction, puisque cet article est spécial à l'hypothèse du mariage contracté à l'étranger par un Français. Le chapitre dont il fait partie se réfère seulement à ceux contractés en France (MM. Delvincourt I, p. 68, n^e^ 4. Marcadé, t. II, art. 170, n° 2, M. Bugnet sur Pothier, t. VI, p. 28).

La deuxième opinion également radicale ne prononce pas la nullité et déclare que l'art. 170 n'a pas de sanction. Son raisonnement est le suivant : L'art. 170 ne prononçant pas la nullité du mariage contracté au mépris de ses prescriptions, l'argument *a contrario* ne saurait être concluant ici, car la disposition de cet article est exceptionnelle, puisqu'elle restreint l'application de la règle *locus regit actum* et n'est qu'une faculté accordée aux

Français de se marier en pays étranger, sans s'occuper de la question de nullité ou de validité du mariage. Les art. 64, 65 disent que le mariage ne pourra être célébré avant l'expiration du délai des publications, et cependant la peine de nullité n'y est pas attachée (art 192, 193). L'art. 170 n'est qu'une application de l'art. 3. « Les lois concernant l'état et la capacité des personnes régissent les Français même résidant en pays étranger.

D'après l'art. 48, il suffit que le mariage soit célébré conformément aux lois françaises.

Quant aux soupçons de voyages faits à l'étranger pour frauder la loi, ces fraudes existeront toujours malgré les publications et les actes respectueux. La sanction contre ces fraudes est dans l'art. 192, qui punit les parties elles-mêmes d'une amende pour défaut de publications ; dans le soin que prennent les officiers publics de chaque pays, avant de célébrer le mariage d'un étranger, de s'enquérir des conditions exigées par sa loi nationale et personnelle. (Merlin *Répert.* T. XVI, *v° bans de mariage* § 1 et 2 ; Vazeille T. 1, n° 158 ; Aubry et Rau IV, p. 110 ; Toullier I, 578 ; Dalloz *v° mariage*, 98, n° 7).

Le troisième système, vers lequel semble pencher la jurisprudence, car les deux précédents ont également des arrêts en leur faveur, laisse aux juges le droit d'apprécier les faits et de décider d'après les circonstances. Seulement la nullité d'un tel mariage ne saurait être prononcée quand il y a possession d'état des époux, consentement des ascendants ou de la famille, naissance d'enfants, etc. (MM. Fœlix. des mariages contractés en pays étranger p. 3-15 ; Duranton II, n° 238 ; Valette sur Proudhon I, 412 ; Duvergier 6e édition de Toullier. T. I, n° 578, note 1 ; Demante I, 339 ; M. Ém. Olivier *Revue pratique*, 15 août 1857).

Cette doctrine se fonde sur les motifs suivants : L'art. 170 s'occupe spécialement du mariage des Français à l'étranger. Le chapitre IV sur les demandes en nullité est complétement étranger à cette hypothèse. L'art. 170 est muet tant sur la validité que sur la nullité.

Le législateur l'a donc abandonné aux lumières du jugé. Il résulte de l'art. 193, qui sans doute n'a pas été fait spécialement pour notre matière, mais que l'on complète par les art. 165, 191-192, que les magistrats ont un pouvoir discrétionnaire pour apprécier le défaut de publicité de la célébration du mariage. L'art. 170 voulant assurer spécialement la publicité du mariage français contracté à l'étranger rentre dans une matière où peut s'exercer l'appréciation des magistrats. Sur quel texte peut on fonder les fins de non-recevoir, par lesquelles les magistrats pourront repousser la demande en nullité ? Des arrêts (Cass. 25 février 1835) les fondent sur la possession d'état légitime, qui a suivi le mariage sur l'art. 196. Mais ce moyen ne pourra s'appliquer que dans le cas où la nullité sera invoquée par l'un des deux époux (art. 196), et cette fin de non-recevoir ne protège pas une demande en nullité formée par des tiers.

D'autres arrêts (14 juin 1845, Cass. Devil. 1845, I, 726) s'appuient sur le consentement donné par les ascendants postérieurement à la célébration (art. 183). Mais on peut objecter que le consentement des ascendants n'était pas nécessaire ici ; que la nullité résulte ici du défaut de publicité, qu'aucun texte ne décide que l'approbation des ascendants pourra couvrir cette nullité, enfin que les autres intéressés, en vertu des art. 184, 187, 191, pourraient former une demande en nullité. Il faut plutôt chercher un argument dans l'art. 193, qui confère un pouvoir d'appréciation aux magistrats, qui, groupant toutes les circonstances, décideront s'il y a eu ou non clandestinité. (M. Demol. III, 350.)

L'art. 171 dispose que, dans les trois mois après le retour du Français sur le territoire du royaume, l'acte de célébration du mariage contracté en pays étranger, sera transcrit sur le registre public des mariages du lieu de son domicile.

Trois questions se présentent :

Dans quels cas cette formalité est elle imposée aux Français? Est-ce dans celui où le mariage a été célébré devant l'officier public étranger, ou dans celui de l'art. 48 ou même des art. 88 et 94? Des auteurs ne l'appliquent qu'au premier cas 1° parce que l'art. 170, dont notre article n'est qu'une suite, prévoit cette hypothèse, en effet les officiers publics étrangers se trouvant hors de l'empire de la loi française, le Français seul est tenu d'accomplir cette formalité, tandis que les art. 95 et 98 en font une obligation aux officiers de l'armée, ainsi que la circulaire du ministre des affaires étrangères du 8 août 1814, dans M. Hutteau d'Origny, chap. v., titre III, ordonnance du 23 octobre 1833.

Ce tempérament peut paraître équitable dans l'opinion des jurisconsultes qui donnent à l'art. 171 la sanction la plus sévère, mais pour ceux de l'opinion contraire, il vaut mieux procéder à cette transcription dans tous les cas.

Dans quel délai cette transcription doit-elle avoir lieu ?

Notre article répond *dans les trois mois*, mais ce délai est-il fatal ? Non, puisque l'art. ne prononce aucune déchéance. Le mariage est d'un intérêt trop grand pour laisser sa validité exposée à l'observation ou à la non-observation d'un simple délai. (Merlin questions de droit t. VIII. v° mariage § 14 ; Toullier t. I, n° 579 ; Duranton II, n° 240 ; Zachariæ III, 314 ; Demolombe 353, II).

Seulement la transcription de l'acte de mariage ne devrait être reçue après l'expiration du délai de trois mois qu'avec l'autorisation de justice (lettre du Grand Juge, du 5 germinal an XII, rapportée par Merlin. Rép. t. VIII, v° mar. sect. III, § 1, n° 3, p. 52 ; Demolombe I n° 292).

Quel est l'effet du défaut de transcription de l'acte de mariage dans le délai fixé par l'art. 171 ?

D'après M. Delvincourt, (I. 68 n° 6) ce mariage n'étant pas légalement connu en France n'aura aucun effet civil à l'égard des Français ou des biens situés en France, en conséquence les enfants, qui en seront issus, n'hériteront pas desdits biens au préjudice des autres parents français, il ne pourra servir de motif pour faire annuler un second mariage contracté en France avant sa dissolution, il n'aura d'effet que du jour de la transcription et ne pourra préjudicier aux actes faits ni aux droits ouverts auparavant.

D'après M. Zachariæ III, 315, 316, il faut distinguer entre les effets civils que le mariage ne produit qu'à raison de la publicité, dont la loi le suppose entouré, et les effets civils qui sont moins le résultat de la publicité du mariage que du mariage lui-même.

Quant aux premiers, le mariage non transcrit dans le délai légal ne les produira que pour l'avenir et à compter seulement de la transcription, ainsi l'hypothèque légale n'existera qu'à partir de cette transcription.

Les créanciers de la femme antérieurs à la transcription ne pourront pas être repoussés par le motif que l'autorisation maritale n'existait pas, sinon ce serait un piége tendu aux tiers; l'art. 171 manquerait de sanction. (Duranton II. nº 240 ; Duverg. sur Toullier I. nº 580. nº 6.); mais, quant aux effets indépendants de la publicité, la transcription, simple formalité, ne peut avoir aucune influence sur eux, ainsi quant aux enfants réclamant les successions même ouvertes antérieurement, sauf le remède de la possession de bonne foi pour les parents (art. 138. 549 Toullier t. I, nº 580; Duranton loco cit.)

Dans l'opinion contraire, la non-observation de l'art.

171 n'empêche pas le mariage de produire ses effets civils, sauf aux tiers à prouver que cette circonstance leur a causé un préjudice, qu'apprécieront les tribunaux par application des art. 1382 et 1388.

L'article 171 ne contient pas un mot qui puisse autoriser une sanction aussi dure que celle que voudraient lui donner les partisans de l'opinion opposée.

Si on objecte que l'art. 171 est dépourvu de sanction, on répondra qu'il contient une mesure d'ordre destinée à inviter le Français à remplir cette formalité ; que son intérêt bien entendu l'excitera à l'observer par crainte des réclamations des tiers invoquant le principe de l'art. 1382. Sinon le mariage le plus notoire pourrait être frappé de ces déchéances. En effet l'article 171 exige que la transcription du mariage ait lieu trois mois après le retour en France du Français. Donc, tant qu'il restera en pays étranger, le mariage produit tous ses effets. Or les époux sont en France depuis longtemps, y acquièrent la possession d'état, leur union est notoire, et, malgré toutes ces circonstances, pas d'hypothèque légale en France pour la femme, impossibilité pour elle d'opposer le défaut d'autorisation à l'effet de faire tomber les engagements par elle contractés. Admettre une pareille sanction de l'art. 171 c'est reconnaître que le mariage contracté par le Français à l'étranger n'est pas valable en France. Les époux revenant en France et acquérant la possession d'état verraient leur mariage ne produire aucun effet, tandis que, s'ils fûssent restés en pays étranger, le même mariage aurait continué à produire ses effets.

Nous pensons donc que le mariage même non-transcrit conformément à l'art. 171 fera obstacle à un mariage postérieur, créera une hypothèque légale et permettra d'opposer le défaut d'autorisation contre les engagements contractés par la femme, à moins que les tribunaux ne reconnaissent que le mariage a été tenu secret par les époux (Troplong des Hypoth. T. II, n° 513 bis ; Fœlix des mariages célébrés en pays étrangers. Demol. III 357.)

DE LA PREUVE EN FRANCE DES ACTES ÉTRANGERS.

Toute action en justice doit être justifiée. Celle qui repose sur une convention, dont on demande l'exécution, suppose que l'existence de cette convention est déjà constatée, ou rend cette constatation nécessaire. Quand il s'agit d'une obligation contractée en pays étranger selon la forme probante admise par la loi étrangère, alors se présente la question de savoir si cette convention doit être reçue en France, bien que cette forme ne soit pas celle qui est admise par la loi française, ou si la preuve de cette convention non suffisamment constatée doit avoir lieu d'après les moyens admis par la loi française ou d'après ceux admis par la loi étrangère, qui régit la convention.

Les conventions s'établissent par la preuve littérale,

la preuve testimoniale ou par des présomptions équivalentes, et enfin par le serment qui peut être déféré à l'une ou à l'autre des parties.

La règle générale est que le contrat revêtu des formes voulues par la loi du lieu où il a été passé doit être reçu en France, à moins qu'il n'ait été passé entre Français, et que d'après la nature ou l'objet de la convention ceux-ci eussent dû suivre les règles admises en France, ou bien encore, à moins que la loi française n'exigeât une forme particulière pour l'acte dont il s'agirait, alors même qu'il serait fait en pays étranger.

Examinons maintenant ces différentes espèces de preuves dans leurs rapports avec les conventions ou les actes faits en pays étrangers.

La preuve littérale est reçue partout. En effet présenter un acte conforme aux lois du lieu où il a été fait, c'est fournir la preuve la plus complète. L'acte authentique défini par l'article 1317 du Code Nap. fait pleine foi de ce qu'il contient entre les parties jusqu'à inscription de faux, et même en certains cas emporte exécution parée, tandis que l'acte sous seing privé ne fait pleine foi de ce qu'il contient que lorsqu'il a été reconnu en justice ou tenu pour reconnu, jusque-là celui à qui on l'oppose peut désavouer son écriture et sa signature, sauf à la partie adverse à en faire ordonner la vérification. L'acte passé à l'étranger dans les formes requises par la loi du lieu pour son authenticité sera-t-il considéré en France comme authentique? Il faut distinguer. L'exécution parée résultant de l'authenticité d'un acte français ne sera pas attachée à l'acte authentique étranger. Les articles 2123 et 2128 du Code Nap. combinés avec l'article 546 du Code de procédure nous donnent cette règle fondée sur la distinction admise entre la force probante des actes et leur force exécutoire. *An instrumentum habeat executionem et quomodo debeat exequi, attenditur locus ubi agitur, vel fit executio. Ratio, quia virtus executoria et modus exequendi concernit processum*, dit Dumoulin au Code *de summa, trinit. lib.* VI. tit. XXXII, qui conclut de là que les actes, qui dans le pays où ils sont faits, ont une exécution parée, *sine omni strepitu judiciali*, ne jouissent pas de cette exécution dans un autre pays.

Mais la force probante résultant de l'authenticité reste attachée à l'acte authentique étranger.

« Quand il s'agit de savoir si un acte passé devant les « notaires d'un pays fait foi de son contenu dans un au- « tre, on ne doit pas seulement s'attacher au principe « que le caractère public de ces officiers est limité au « territoire de la souveraineté qui les a établis ; il faut « encore combiner ce principe avec la grande règle du « droit des gens que la forme probante d'un acte ne dé- « pend que de la loi du lieu où il est passé. Or que ré- « sulte t-il de la combinaison de l'un avec l'autre ? Deux « conséquences qui se marient très-bien ensemble. La « première, que l'acte passé en pays étranger n'a point « en France le caractère public. La seconde, qu'il y fait « foi de son contenu, ni plus ni moins que s'il avait

« été passé en France même et devant des notaires « français. » (Merlin, questions v° authent. acte § 2). On ne saurait, pour donner une décision contraire, s'appuyer sur l'art. 121 de l'ordonnance de 1629, conçu en ces termes : « Les contrats et obligations reçus ès-royau- « mes et souverainetés étrangères n'ont aucune exécu- « tion en France, mais tiendront lieu de simples promes- « ses. » En effet supposant même que cette ordonnance fût toujours en vigueur, ce qui est contesté, bien que l'acte ne valût que comme simple promesse, ce ne serait pas une raison pour qu'il ne fît pas foi jusqu'à inscription de faux (Toullier T. X, n. 79 à la note. M. Fœlix Droit intern. p. 280, nouveau Denizart, v° hypoth. § 3, sect. IV; n° 1). Ne pas admettre cette faculté, ce serait interdire le commerce à toutes les personnes illettrées, les mettre ainsi dans l'impossibilité de se procurer un titre contre ceux avec qui elles traiteraient en pays étranger.

La force probante des actes authentiques passés en pays étrangers en la forme usitée dans le pays est au surplus consacrée par le Code Napoléon pour les actes de l'état civil dans l'art. 47; pour ceux de mariage dans l'art. 170 ; pour les testaments dans l'art. 900 ; pourquoi ne pas accorder la même force à des contrats particuliers, qui n'intéressent que les parties, et non l'ordre public, pourvu que la signature des officiers, devant qui ces actes ont été passés, soit légalisée par les consuls ou autres agents diplomatiques français (ordonnance de 1681, liv. I, tit. IX, art. 23) ? Même le concours d'un officier public n'est pas indispensable, pour que l'acte soit reçu comme authentique en France, pourvu qu'il ait été fait avec toutes les formalités exigées dans le pays, pour solenniser les actes et leur attribuer un caractère authentique (Cass. 6 février 1843 en matière de testaments, Dev. 43, I. 209).

Quant à l'acte sous seings privés, dont la signature est reconnue ou tenue pour reconnue, il devra recevoir en France le même effet qu'il eût reçu dans le lieu où il a été fait, s'il est conforme à la loi de ce lieu.

Si l'acte authentique et l'acte sous seings privés faits en pays étrangers sont attaqués en France par voie d'inscription de faux ou de dénégation d'écriture, l'instruction de faux ou la vérification d'écriture a lieu dans la forme prescrite par la loi française.

Quelquefois aucun acte n'est produit et cependant la preuve littérale se présente sous deux formes, les livres des commerçants et leur correspondance. Les législations varient beaucoup à ce sujet. Les unes s'en rapportent à leurs énonciations, les autres leur refusent toute créance. Supposons que la législation du lieu où ils ont été tenus et celle du lieu où ils sont produits soient différentes. La loi du contrat doit décider, parce qu'il s'agit d'un moyen de preuve qui tient au lieu et à la force du contrat, et qui par conséquent se rapporte au décisoire.

Pour la question de régularité des livres, on ne doit avoir égard qu'à la loi du lieu où ils ont été tenus.

Les juges doivent également apprécier les termes de la

correspondance pour en tirer des éléments de preuve. On doit assimiler la lettre écrite contenant une convention ou une obligation à une reconnaissance sous seing privé et en appliquer les règles.

Peut-on recourir à la preuve testimoniale ou aux présomptions pour établir en France l'existence d'une obligation ou d'une convention passée en pays étranger? Certains pays admettent aussi facilement la preuve testimoniale que le droit romain, tandis que notre législation se montre très-rigoureuse dans son admission. (Merlin v° preuve, sect. II, § 3, art. 1, n. 7 et 18).

La question s'élève ici de savoir si dans un procès qui a pour objet une convention passée dans un autre pays c'est la loi du lieu où se fait le procès, ou celle où la convention a pris naissance, qui régit la preuve testimoniale.

Il faut distinguer entre l'admissibilité ou l'inadmissibilité de la preuve, entre ce qui est relatif à la forme de cette preuve et ce qui l'est à la manière d'y procéder. La première question tient au décisoire, car l'admission ou le rejet de la preuve testimoniale entraînera avec elle l'exécution ou la non-exécution de la convention.

Les juges étrangers doivent se reporter à la loi du lieu où est intervenue la convention, c'est elle dont les effets ont été envisagés par les parties au moment où elles ont traité. Les juges français devront donc se conformer à la preuve testimoniale, telle qu'elle est admise par la loi du contrat. (Boullenois t. II, p. 458; Merlin Repert. v° preuve sect. II, § 3; art. 2, n° 3. Pardessus n° 1490; Fœlix droit intern. n° 233).

On objecte que les juges d'un pays, dont la loi ne permet la preuve testimoniale qu'en certains cas, ne peuvent, sans violer cette loi et enfreindre sa défense, admettre cette preuve dans d'autres cas. La question de l'admissibilité de la preuve testimoniale se ramène à celle-ci: La convention passée en pays étranger doit-elle être protégée par les lois du pays où on veut la faire exécuter? (M. Mittermaier archives de la jurisprudence en matière civile T. XIII, p. 215 et 316.)

On répond à cet argument en disant que l'admissibilité de la preuve tient au décisoire c'est-à-dire à des formalités judiciaires, qui appartiennent au fond même de la cause, dont l'omission ou l'absence neutralise ou anéantit l'action, et que les jurisconsultes désignent par ces mots *decisoria litis*. Le devoir des juges est d'examiner si la convention produite est conforme aux lois de leur pays et à l'ordre public, que ces lois établissent et maintiennent. La preuve une fois admise ne peut sans doute être faite que dans la forme voulue par la loi du lieu où s'instruit le procès, mais du moment que la convention a été reconnue licite, pour savoir, si cette convention a été valablement formée et pouvoir constater son existence, il faut se reporter aux lois qui ont présidé à sa formation, admettre les moyens de preuve qu'elles admettent; cette règle ne s'appliquerait pas à deux Français qui auraient traité en pays étranger, parce que les juges français pourraient présumer qu'ils ont voulu ou dû suivre les règles admises en France, et se conformer à ces régles pour admettre ou repousser la preuve testimoniale. (Pardessus n° 1490).

RÈGLES QUI REGARDENT LA FORME DE LA PREUVE.

La forme de la preuve testimoniale et la manière d'y procéder tiennent à l'ordinatoire, c'est-à-dire à des formalités judiciaires qui appartiennent seulement à l'instruction et ne sont relatives qu'à la procédure et doivent donc être régies par la loi du lieu où s'instruit le procès. Mais un point particulier fait question. Par quelle loi doit être réglée la capacité des témoins ? A cet égard, M. Fœlix (droit internat. n° 225) s'exprime ainsi : Lorsqu'il s'agira en France de rapporter la « preuve d'une convention verbale passée dans un pays « dont la loi n'autorise les reproches contre les parents « ou alliés que jusqu'au degré de cousin germain, les « cousins issus de germain seront témoins capables. « En effet les parties, en passant une convention ver- « bale, ne peuvent être tenues de se ménager d'autres « preuves que celles qui sont prescrites par la loi du lieu de la convention.

Mais cette opinion ne nous paraît pas devoir être suivie, en effet les parties, quoique n'étant pas obligées de se procurer d'autres preuves que celles exigées par la loi du lieu où elles passent la convention, devaient savoir que, si leur convention devenait l'objet d'un procès en pays étranger, ce serait la loi de ce dernier pays, qui fixerait la capacité des témoins. (M. Massé II. 772.)

Les mêmes règles s'appliquent aux présomptions, soit celles de l'art. 1351, soit celles de 1353.

LE SERMENT.

La loi du lieu où s'est passé le fait qu'il s'agit d'établir décide la question de savoir si le serment peut être déféré par une partie, ou ordonné d'office par le juge sur un fait allégué.

Dans quelle forme doit-il être prêté? Dans la forme voulue par la loi du juge qui l'a ordonné ou autorisé et le fait prêter devant lui. Il en est de même du serment que doivent prêter des témoins appelés à une enquête. (M. Massé. II. 775.)

M. Fœlix (droit international n° 336) croit au contraire que ces points doivent être réglés par la loi du lieu, où s'est passé le fait qu'il s'agit d'établir ; mais ce serait astreindre une partie à prêter autant de serments qu'il y a de faits passés dans des lieux différents.

COMMISSIONS ROGATOIRES.

On entend par ce nom la réquisition adressée par un juge à un autre juge pour le prier de faire dans son ressort un acte d'instruction nécessaire au jugement d'un procès, soit qu'il s'agisse d'entendre des témoins, de vérifier un fait, de compulser des registres ou de recevoir un serment. Ce n'est réellement qu'un mandat purement volontaire, qui peut être offert, accepté ou refusé, et qui n'est nullement obligatoire de tribunal étranger à tribunal étranger. (Carré et Chauveau n° 988 ter ; Toullier T. X, Emerigon assurances ch. IV. section VIII. M. Fœlix droit intern. n° 248 ; Cass. 18 août 1836. Devill. 36. 1. 95).

La plupart des nations européennes admettent des commissions rogatoires, toutes les fois qu'elles n'ont pas pour objet un acte qui serait contraire à une loi locale (Fœlix droit intern. 243 et s.) sauf la Prusse dans le § 671 de son Code de procédure dans le cas particulier d'une faillite d'un sujet prussien ouverte en pays étranger, parce que, dit cet article, la faillite ne peut être déclarée que par le juge du domicile du débiteur.

En France, la matière est réglée par une instruction du ministre de la Justice.

Le tribunal qui admet une commission rogatoire pour entendre des témoins suit les lois de son pays, quoique le contraire ait été jugé par arrêt du Parlement de Paris rapporté par Charondas, dans ses Pandectes L. IV rep. 33, mais réprouvé par Boullenois Part 11. chap. XXVII et Bouhier 1. 546.

Dans le cas où la commission rogatoire a pour objet une prestation de serment, quelle doit être la forme de cette prestation, celle voulue par la loi du juge commettant ou celle voulue par la loi du juge commis ?

Si le juge commettant se tait sur la forme du serment, le juge commis appliquera sa propre loi.

Si le juge commettant a déterminé la forme du serment, il faut faire une distinction. Celui qui doit prêter le serment est-il régi par la loi du juge commis, la formule étrangère ne doit pas être imposée, mais celui qui doit prêter le serment peut l'accepter, à moins que le juge ne s'y oppose. Si la loi du juge commis régit la personne qui doit prêter le serment, la formule indiquée par le juge commis est obligatoire aussi bien pour la partie qui doit prêter le serment, que pour le juge commis, en tant du moins qu'elle peut concourir avec les lois générales du pays où le serment doit être prêté. (Trib. de comm. de la Seine. 29. Oct. 1829. Gazette 30 oct. 1829, même trib. 9 août 1833. Gazette 10 août 1833.)

M. Fœlix est d'un avis contraire, n° 249. D'après lui, le tribunal de commerce de la Seine, dans l'espèce du jugement précité était tenu dans l'un et l'autre cas de déférer purement et simplement aux réquisitoires des tribunaux étrangers, de recevoir le serment dans la forme, que ces tribunaux avaient prescrite, et ne l'ayant pas fait, s'était exposé à voir rejeter comme inefficace le serment dont il avait cru devoir se contenter.

D'après M. Massé, n° 785, le juge commis, tout en admettant la commission rogatoire, n'abdique pas son indépendance. La loi locale est la seule qui puisse lui commander. Laisser le juge commettant critiquer la forme de prestation du serment, ce serait lui permettre de s'ingérer dans la procédure des tribunaux étrangers et de porter atteinte à l'indépendance réciproque des législations étrangères et des tribunaux qui en sont les organes, M. Bonnier paraît être de ce sentiment, car il dit dans son *traité des preuves*, t. II, n° 935 : « Lorsque nos juges pro-« cèdent d'après une délégation des juges étrangers, il « convient généralement d'adopter la formule, qui est la « seule probante, dans le pays des plaideurs, mais en « principe, nos tribunaux ne sauraient être astreints à « recevoir toute espèce de serment. Ce serait manquer à « la dignité de la justice que de consacrer ainsi toute « espèce de superstition jusqu'au fétichisme le plus gros-« sier. » D'après la Cour de cassation (Dev. C. 1846, 1,193), la véritable garantie contre le parjure réside dans la conscience de l'homme et non dans les solennités accessoires, qui n'ajoutent aucune force réelle à l'acte solennel du serment. En conséquence le juge ne peut autoriser une forme particulière de serment, du moins quand le serment doit être prêté par un Français, qu'autant que ce Français lui-même le demande.

DE LA FORCE EXÉCUTOIRE DES JUGEMENTS ET DES ACTES ÉTRANGERS OU DE L'EXÉCUTION PARÉE.

On entend par exécution parée celle qui peut se faire en vertu de l'acte tel qu'il est, sans avoir besoin d'autre formalité ni d'autre titre. (M. Merlin Répert. v° exécution parée.) En France, les jugements émanés de Tribunaux français et les contrats passés en France jouissent seuls de cette faveur. Les jugements et les actes étrangers sont soumis à des règles spéciales que nous allons examiner.

DES JUGEMENTS.

Toutes les législations reconnaissent que le jugement étranger, pour être exécuté dans le pays qu'elles régissent, doit être présenté aux tribunaux de ce pays qui le revêtent de la forme exécutoire, lui donnant une sorte de naturalisation.

La règle est admise mais son application soulève de grandes difficultés.

Les jugements rendus par un tribunal français produisent en France trois effets :

1° Autorité de la chose jugée (art. 1350 et 1351, Code Nap.);

2° Hypothèque générale sur les immeubles du débiteur (art. 2123, C. Nap.);

3° Exécution parée (art. 146 et 545. C. de proc.).

Ces trois effets sont-ils produits en France par les jugements des tribunaux étrangers ?

L'ordonnance de 1629 réglait l'effet de ces jugements et des actes reçus par des officiers étrangers. L'art. 121 était conçu en ces termes : « Les jugements rendus, contrats « et obligations reçus ès-royaumes et souverainetés « étrangères, pour quelque cause que ce soit, n'auront « aucune hypothèque ni exécution en notre royaume, « ainsi tiendront les contrats lieu de simple promesse.

« Et nonobstant les jugements, nos sujets, contre les- « quels ils ont été rendus, pourront de nouveau débattre

« leurs droits comme entiers par devant nos officiers. »

Les jugements des tribunaux étrangers ont autorité de chose jugée en France, mais l'hypothèque et l'exécution parée ne sont pas de plein droit attachées à ces jugements, à cette règle générale une exception était faite dans la seconde disposition. L'autorité de la chose jugée n'appartient pas en France aux jugements rendus par un tribunal étranger contre un Français.

Puis sont venus les art. 2123 du C. Napoléon et 546 du Code de procédure civile.

D'après le premier, l'hypothèque ne peut résulter des jugements rendus en pays étrangers qu'autant qu'ils ont été déclarés exécutoires par un tribunal français.

D'après l'art. 546, les jugements rendus par les tribunaux étrangers et les actes reçus par les officiers étrangers ne seront susceptibles d'exécution en France que de la manière et dans les cas prévus par les art. 2123 et 2128 du Code Napoléon.

La première question qui se pose, est celle-ci:

L'art. 121 de l'ordonnance de 1629 a-t il été abrogé par les art. 2123 et 546 ?

L'article 121 contenait deux dispositions.

On reconnaît généralement (MM. Fœlix II, 348 353 et Demangeat) que la première disposition est synonyme de celle qui se trouve aujourd'hui dans les art. 2123 et 546, qu'elle se confond avec celle des art. 2123, 2128 et 546, pour ne former ensemble qu'une règle générale.

Mais la seconde disposition est considérée comme étant

encore en vigueur par des auteurs d'un grand mérite, parce que l'art. 121 n'a pas été touché par les art. 2123 et 546; les travaux préparatoires de nos Codes ne laissent pas apparaître la volonté d'innover, donc la partie de l'art. 121 qui accorde au Français la faculté de faire valoir ses droits comme entiers nonobstant un jugement rendu contre lui par un tribunal étranger doit encore être appliquée. (Merlin *Questions v° Jugement* § 14 ; Grenier, *des hypothèques*, 1, 14 et 222 ; Toullier X, 85; Troplong *des hypothèques*, II, 451 ; Aubry et Rau I, § 32 ; M. Valette, dissertation, *Revue de droit français et étranger* 1849, VI, p. 597); Colmar 13 janvier 1815, Rennes 28 mai 1819 (Dall. Rep. V° Droit Civ. n° 419, 459) Toulouse décembre 1819 (Dall. Repert. V° Except. n° 149) Montpellier 8 mars 1822 (Dall. Repert. V° Droit civ. n° 459) Bordeaux, 6 août 1847 (Dall. cor. n° 419). C. d'Angers. 4 juill. 1866, M. Colmet dAage sur Boitard, II, 175 note).

Cette opinion s'appuie sur les arguments suivants : Sans doute l'ordonnance de 1629 n'a pas été enregistrée partout, et même, pendant un siècle on n'osa pas la citer à cause de la disgrâce de son auteur, le chancelier Michel de Marillac, que le Parlement avait poursuivi de sa haine en flétrissant du nom de Code Michaut cette ordonnance. Il n'en est pas moins vrai, qu'elle n'avait fait que reproduire et constater l'ancienne coutume du royaume de France.

La deuxième partie de l'art. 121 fait une distinction qui était consacrée par une jurisprudence et une doctrine à peu près constantes. La règle qu'il a posée demeurée intacte pendant la période révolutionnaire jusqu'à la promulgation du Code a-t-elle été abrogée par nos lois? Il n'est pas vraisemblable que le Code, rénovateur des parties de l'ancien droit compatibles avec le nouveau régime, ait voulu rejeter une maxime si unanimement acceptée.

Le Code civil et celui de procédure ne s'expliquent pas sur une question de compétence, qui ne rentre ni dans la matière des hypothèques, ni dans celle de l'exécution forcée des jugements et des actes. Le droit des gens qui tend à resserrer les liens qui unissent les nations défend d'emprisonner la justice, sans de graves motifs d'utilité, dans les limites de tel ou tel territoire. Ce système enfin coupe court à des difficultés d'une nature inextricable, que fait naître le besoin d'interpréter les lois ou de constater les usages des pays étrangers.

Mais on peut répondre que la plus grande différence existe entre l'ordonnance et les Codes. La première refuse aux jugements étrangers toute exécution en France, et permet aux parties de débattre de nouveau leurs droits devant le tribunal français. Le Code civil et le Code de procédure se bornent à refuser hypothèque et exécution aux jugements étrangers, tant qu'ils n'ont pas été déclarés exécutoires par un tribunal français.

Il nous semble évident que l'ordonnance conçue dans un esprit si différent de nos lois actuelles a été abrogée par elles. Toutes deux reconnaissent l'indépendance des

États au point de vue de la force exécutoire à donner aux jugements étrangers, mais elles appliquent ce principe d'une manière différente.

La conséquence est que le jugement étranger, avant d'être déclaré exécutoire, a une existence qui lui est propre, et qu'il n'a besoin que de l'exécution : Quelle autorité a-t-il jusque-là ? on reconnaît que les jugements étrangers, alors même qu'ils n'ont pas encore été déclarés exécutoires, font foi jusqu'à preuve contraire des faits qu'ils constatent en dehors de toute condamnation; ainsi au point de vue de la preuve de la déclaration d'absence, et de l'envoi en possession des biens d'un absent. (Douai 5 mai 1836. Dev. 36, 2, 248), ou pour la garantie par le vendeur envers l'acheteur de l'éviction prononcée par un tribunal étranger. (Cass. 12 décembre 1826. Dev. 8. 1. 482).

Mais, si ce point est généralement admis, il n'en est pas de même de la question de savoir s'il faut reconnaître aux jugements autorité de chose jugée, ou bien, car c'est une question qui nous semble rentrer dans la précédente, de savoir quelle est la mission du tribunal français, à qui on demande de rendre exécutoire un jugement étranger. De là trois systèmes. Le premier veut qu'on fasse la distinction de l'ordonnance, et s'appuie sur les arguments que nous avons déjà présentés et combattus.

Il reste deux opinions en présence :

La première de ces deux dernières opinions imposant la révision dans tous les cas s'appuie sur le texte de l'art. 2123, qui attribue la faculté de rendre exécutoire un jugement étranger au tribunal entier, c'est donc un jugement; qu'est-ce qu'un jugement, si ce n'est l'examen des prétentions respectives des parties? Ensuite l'indépendance des États l'exige, car il ne serait pas politique d'obliger toujours et nécessairement un tribunal Français à donner la force exécutoire à un jugement rendu à l'étranger d'une manière inique contre un Français.

On a permis au Français de citer l'étranger en France à raison de la crainte que conçoit notre loi de ne pas voir la justice étrangère rendue d'une manière équitable à son égard, *a fortiori* cette crainte peut-elle s'élever, quand il est défendeur. (M. Demolombe de la public. et des effets des lois, I, n° 263; Cass. 11 janvier 1843; Schwart. C. de Barrante Dev. 1843; 1, 671; Douai 22 déc. 1863; Paris 22 avril 1864; Toullier X n° 85; Aubry et Rau I, §32; Félix II, 352; Demangeat sur Fœlix, Zachar. I, 58. Troplong, des hypothèques, 451).

Dans une deuxième opinion, on déclare qu'il n'y a jamais lieu à révision, en effet le texte de la loi parle de jugements rendus en pays étrangers, or, si le tribunal français révise au fond le jugement étranger, ce ne sera pas un jugement étranger mais un jugement français. Or les art. 2128 et 546 refusent absolument aux actes des officiers étrangers la vertu de produire hypothèque en France, mais les art. 2123 et 546 reconnaissent et maintiennent l'existence des jugements étrangers. Seulement ils exigent, pour qu'ils deviennent exécutoires, qu'ils soient déclarés tels par un tribunal français. La loi a sans doute confié à un tribunal entier la mission de déclarer exécutoires les jugements étrangers, mais on le comprend, il pourrait y avoir des dispositions contraires à nos mœurs, à notre droit public, des dispositions inexécutables en France, le président seul ne pourrait trancher ces difficultés.

Ce système nous paraît le mieux fondé, il répond d'abord au système, qui suit la doctrine de l'ordonnance de 1629, que la distinction de nationalité faite au point de vue de la justice n'est plus de notre temps. Les art. 2123 du C. Nap. et 546, Code de procédure sont muets sur la question qui était tranchée par l'ordonnance, et cependant le législateur y avait une occasion nouvelle de s'expliquer sur ce point.

L'ordonnance de 1629 avait été repoussée par le plus grand nombre des Parlements et notamment celui de Paris. L'art. 121 n'était observé partout que parce qu'il résultait d'une jurisprudence antérieure.

Il répond également au système, qui exige toujours la révision ; une question se pose ici : la mission de juger est-elle un attribut de la souveraineté comme la mission d'ordonner l'exécution forcée ? Non, en effet des particuliers peuvent être érigés en juges. Les juges étrangers, sans exercer la souveraineté, peuvent rendre un jugement comme des particuliers, principe supposé dans les art. 2143 et 546, puisqu'ils confient aux tribunaux français le soin de déclarer exécutoires les jugements étrangers. Que peut-on revêtir de la formule exécutoire? les décisions ayant force de chose jugée.

On oppose les art. 2143 et 546, en disant : mais c'est le tribunal entier qui décide ; donc c'est un jugement qu'il rend, or il ne peut le rendre qu'après avoir examiné le fond.

Nous répondons : La réunion du tribunal entier n'a pour but que de porter devant lui une matière très-délicate, les questions d'ordre public.

La Cour de Paris, dans son arrêt du 22 avril 1864, a transformé le tribunal français en tribunal de recours contre le jugement étranger. Cette doctrine n'est pas fondée. En effet on n'a jamais dit que les Cours d'appel rendaient exécutoires les jugements rendus en première instance.

La Cour de Paris craint que la justice étrangère ne se montre partiale contre nos nationaux, mais ces craintes ne sont pas justifiées, l'esprit public a fait assez de progrès en Europe pour donner aux juges, quelle que soit leur nationalité, le sentiment de l'équité et de l'impartialité. Ensuite il y aura toujours une ressource dans le pouvoir du tribunal français, qui refusera de voir un jugement digne de ce nom dans une sentence inique.

Le système de la Cour de cassation n'est pas conséquent, car elle déclare les tribunaux français incompétents pour connaître des contestations entre étrangers, et elle permet de réviser au fond les jugements rendus entre deux étrangers. La maxime ancienne, que la justice est due seulement à nos nationaux, pourrait seule faire admettre cette inconséquence, mais la Cour suprême l'a complétement condamnée dans son arrêt du 10 mars 1863. S. 1863 1, 293. (MM. Boitard, n° 802 ; Pont priv. et hyp. n° 586 ; Marcadé sur l'art. 15, n° 3 ; Massé Dr. comm. II, 801 ; Bonfils comp. des trib. 262 et s.; M. Labbé, note sur les arrêts de Douai et de Paris. Dev. 1865 2e partie 60, 61 ; M. Bournat, dans la revue pratique du droit français ann. 1858. 327-569).

Des traités diplomatiques peuvent permettre de déroger à la règle, qui fait obstacle à la force exécutoire des jugements étrangers, ainsi celui conclu entre la France et la Suisse le 18 juillet 1828, qui n'exige que la légalisation de ces jugements par les envoyés respectifs, ou à leur défaut par les autorités compétentes de chaque pays. Mais il faut l'ordonnance du président les revêtant de l'exéquatur, art. 545, C. de procéd. Le traité doit être formel sur ce point, il s'applique au territoire et non aux nationalités, ainsi tout jugement rendu en Suisse est exécutoire en France conformément au traité précité, lors même que les plaideurs ne seraient ni suisses ni français.

Un traité du 16 avril 1846 entre la France et le grand Duché de Bade accorde la même faveur aux jugements rendus dans ces deux pays, mais sous les conditions énoncées dans le traité.

Une loi du 21 avril 1832 relative à la navigation du

Rhin contient des règles spéciales concernant l'exécution des jugements rendus sur les droits de navigation de ce fleuve par les juges étrangers, auxquels il appartient d'en connaître. L'art. 5 de cette loi, qui ne fait que confirmer l'art. 85 d'une convention diplomatique conclue le 31 mars 1831 entre tous les États riverains, porte que les jugements prononcés par des juges des droits de navigation du Rhin, résidant sur un territoire étranger, seront exécutoires sur le territoire français, sans nouvelle instruction, dès qu'ils seront passés en force de chose jugée et qu'à cet effet ils seront rendus exécutoires par le tribunal civil de Strasbourg.

Les art. 2123 et et 2128 du Code Napoléon, et 546 du Code de procédure s'appliquent aux jugements rendus en matière commerciale. (Cass. 18 pluv. an XII. Merlin, questions v° Jug. § 14, n. 1 ; M. Chauveau sur Carré n. 1899). Il n'en était pas ainsi dans l'ancien droit (Emerigon des assurances ch. XII, sect. XX).

Les jugements étrangers n'emportent pas hypothèque légale en France sur les biens de la partie condamnée art. 2123. De même les syndics munis d'un jugement étranger rendu en matière de faillite ne peuvent prendre hypothèque en France au nom de la masse sur les biens du failli, conformément à l'art. 490 du Code de commerce, qu'autant que le jugement qui déclare la faillite a été déclaré exécutoire en France.

En France, les jugements déclaratifs de faillite, aux termes de l'art. 442 du Code de com., ceux qui prononcent une séparation de biens (Code de procédure 872. C. comm. 66), sont soumis à certaines formalités de publication ou d'affiches préalables à leur exécution à l'égard de ces jugements rendus à l'étranger.

C'est une nouvelle application de la règle: *locus regit actum*; toutes les fois donc qu'on ne cherchera dans ces jugements que la constatation d'un fait, le défaut de publication d'un jugement de la sorte rendu dans un pays, qui n'exige pas cette formalité, ne saurait être objecté, mais, pour l'exécution, le jugement français qui le déclarera exécutoire devra être publié conformément à la loi française; agir autrement ce serait induire les tiers en erreur.

DES ACTES.

La plupart de ces règles s'appliquent aux actes étrangers qui font foi des conventions y relatées, mais doivent prendre, pour ainsi dire, des lettres de naturalisation française au moyen de la formule exécutoire, dont les revêtira le jugement français, qu'on obtiendra à la suite d'une instance, à moins qu'il n'y ait un traité diplomatique.

Ce n'est plus en quelque sorte une faveur concédée à un territoire, comme nous avons vu plus haut, mais bien à une nationalité (Cour. de cass. 10 mai 1831 Dev. 31. 1. 195).

Sauf cette exception, l'acte authentique et exécutoire dans le pays où il a été fait devient, grâce à ce traité, susceptible d'exécution en France, sa forme ne fût-elle pas conforme à la loi française.

Supposons qu'un acte emportant exécution parée en France ne jouisse dans le pays où il est fait de ce privilége qu'en vertu d'un jugement, comme dans la plus grande partie de l'Allemagne et des états Romains. (Fœlix droit intern. T. II, N. 474). Un tel acte emportera-t-il exécution parée en France? Non, car de deux choses l'une ou il n'y aura pas de traité, alors l'acte étranger ne peut avoir en France une force, qu'il n'aurait pas dans son pays, ou il y a un traité, le traité établissant une réciprocité entre les deux nations, on ne saurait accorder aux actes d'un pays plus de force qu'à ceux d'un autre.

Nous avons déjà examiné la question de savoir si l'hypothèque légale accordée par nos lois sans inscription à la femme mariée le sera également à la femme d'un étranger n'ayant pas reçu du gouvernement la jouissance de nos droits. Nous avons reconnu qu'il faut l'admettre à ce privilége, du moins si sa loi personnelle le lui accorde. Nous appliquerons la même décision au mineur étranger sur les biens de son tuteur situés en France.

FORMALITÉS PRÉALABLES A L'EXÉCUTION DES JUGEMENTS ET DES ACTES ÉTRANGERS.

Il s'agit ici de certaines formalités extrinsèques consistant dans le timbre, l'enregistrement, la mise en grosse, la transcription et l'inscription.

TIMBRE.

Tous les actes et jugements doivent être, sous peine d'amende, écrits sur papier timbré fabriqué et vendu par l'État. Il y a deux sortes de timbre, celui proportionnel et celui de dimension. La loi actuellement en vigueur pour celui-ci est l'art. 17. de la loi du 2 juillet 1862. (budget de 1863).

Le timbre proportionnel est régi par la loi du 5 juin 1850 relative au timbre des effets de commerce, des bordereaux de commerce, des actions dans les sociétés, des obligations négociables des départements, communes, établissements publics et compagnies et des polices d'assurances.

Les effets de commerce venant de l'étranger doivent être visés pour timbre, avant qu'il en soit fait usage en France, et le receveur perçoit une somme égale au montant du timbre proportionnel sur lequel l'effet aurait dû être écrit, s'il avait été créé en France.

Les autres actes venant de l'étranger doivent être également soumis au visa pour timbre de dimension, suivant l'étendue du papier qui y a été employé, avant qu'il en soit fait usage en France.

La loi du 5 juin 1850 avait assujetti à un droit de timbre les actions et obligations émises par les sociétés françaises. Le décret du 17 juillet 1857 portant règlement pour l'exécution de la loi du 23 juin (budget de 1858) contient dans son art. 11 les dispositions suivantes relatives aux actions et obligations émises par les sociétés étrangères. « Le droit de timbre, auquel sont assujetties « les actions et obligations émises par les sociétés fran- « çaises, sera acquitté par les sociétés, compagnies et « entreprises étrangères dont les titres sont ou seront « cotés en France. Ce droit sera établi sur la quotité du « capital déclaré conformément à l'art. 10 du présent « règlement et payé suivant le mode prescrit par les art. « 22 et 31 de la loi du 5 juin 1850. Un avis officiel inséré « au *Moniteur* équivaudra à l'apposition du timbre. »

Enfin l'art. 6. de la loi du 13 mai 1863 (budget de 1864) soumet à un droit de timbre de 50 cent. par 100 fr., ou une fraction de 100 fr. du montant de leur valeur nominale les titres de rente, emprunts et autres effets publics des gouvernements étrangers. Ce droit a été porté de 50 cent. à 1 fr. par l'art. 7 de la loi du 8 juin 1864. (budget ordinaire de 1865) ; aucune transmission des titres dont il s'agit ne peut avoir lieu avant que ces titres n'aient acquitté le droit de timbre.

ENREGISTREMENT.

L'enregistrement, mention faite sur des registres publics des actes et jugements, et destiné à donner date certaine aux actes sous seing privé français, (art. 1328 du Code civil) s'applique également aux actes passés en pays étranger, avec cette différence qu'il est également requis pour tous, soit en la forme authentique, soit sous seings privés, soit par acte public, soit en justice ou devant une autorité constituée.

Il y a une seule exception, c'est à l'égard des actes passés, en forme authentique seulement, dans les pays étrangers, contenant soit obligation, soit mutation d'objets mobiliers, lorsque les prêts et placements auront été faits et les livraisons promises ou effectuées en objets de ces pays et stipulés payables dans les mêmes pays et dans les monnaies qui y ont cours (avis du Conseil d'État des 15 novembre et 12 décembre 1806, MM. Championnière et Rigaud t. IV n° 3784.)

Dans l'un et l'autre cas, les actes seront enregistrés au droit fixe de 10 francs. (Loi du 16 juin 1824, art. 4.)

La raison de droit de cette exception, c'est que les lois constitutives du droit d'enregistrement sont des statuts réels, qui régissent les choses situées sur le territoire français, quels qu'en soient les propriétaires, et réciproquement, qui ne peuvent atteindre les objets, dont l'assiette est placée hors du royaume, (MM. Championnière et Rigaud t. IV, n° 3784.)

Quant aux meubles, depuis l'arrêt de la Cour de cassation du 21 avril 1828, on reconnaît généralement que les actes passés en pays étranger, translatifs de biens meubles situés hors de France, ne sont passibles en France que du droit fixe de 10 francs, sauf pour la cession d'une créance sur un étranger, qui a été reconnue passible du droit proportionnel si cette créance est exigible en France et en monnaie française.

D'après le décret impérial du 17 juillet 1857 art. 10, les sociétés, compagnies ou entreprises étrangères autorisées à faire coter leurs actions et obligations soit à la bourse de Paris, soit aux bourses départementales paient pour leurs actions et obligations soumises à l'impôt une taxe annuelle et obligatoire de 12 cent. par 100 fr., sans faire aucune distinction entre les titres nominatifs et les titres au porteur.

Les droits de greffe sont perçus sur les jugements et actes rendus ou passés en pays étranger, dont on fait usage en France comme sur les actes de même nature passés en France.

La mise en grosse, c'est-à-dire la rédaction d'une expédition d'un acte public ou jugement revêtue de la formule exécutoire ne saurait être nécessaire pour les jugements ou actes étrangers qui doivent être seulement représentés dans une forme probante selon la loi qui les régit, soit pour faire foi des faits qu'ils énoncent, soit pour pouvoir être rendus exécutoire, afin de servir de titre à une demande en condamnation.

Quant aux formalités de transcription d'inscription, de publication, qui tiennent les unes au statut réel, les autres au statut personnel, elles dépendent de la loi de la situation des biens dans le premier cas, dans le second, de la loi du domicile de la personne.

La transcription des actes de ventes, l'inscription des hypothèques doivent être faites dans le lieu de la situation des biens vendus et hypothéqués, et dans la forme voulue par la loi de ce lieu.

Les actes relatifs à une interdiction, à la nomination d'un conseil judiciaire, d'un curateur doivent être affichés ou publiés dans le lieu du domicile de l'interdit ou du prodigue, ainsi que l'acte, qui autorise un mineur à faire le commerce. (Code de commerce, article 2).

Mais, quand le jugement étranger a été déclaré exécutoire en France, il faut remplir à son égard les formalités de publication et d'affiches voulues par la loi française.

Notre travail est terminé, constatons que les questions de droit international soulevées autrefois si rarement devant nos tribunaux et surtout jugées par nos Cours dans un sens si jaloux de notre nationalité deviennent de jour en jour plus fréquentes.

Les rapports mutipliés que créent le commerce, la rapidité des communications, la facilité des moyens de transport, et même une certaine tendance de nos compatriotes à l'émigration, exigent le développement de cette *comitas* si souvent invoquée par les publicistes du droit des gens. La doctrine en général a marché dans la science du droit comme dans toutes les autres branches de l'entendement humain, devant la jurisprudence. Celle-ci *longo sed proxima intervallo,* a fini par céder aux exigences de la pratique. L'empressement même, avec lequel les étrangers ont demandé des décisions à nos tribunaux, y a contribué. Ils s'y sont d'abord refusés, mais enfin, entraînés par cet élan généreusement cosmopolite qui caractérisa l'Assemblée Nationale, ils ont cessé de se retrancher derrière la maxime si longtemps patriotique : *La justice française ne doit son temps qu'aux nationaux,* principe véritablement marqué au coin d'un égoïsme mal entendu

C'est ainsi que l'autorité des jugements étrangers s'impose de plus en plus à nos Cours. Le juge français maintient sans doute au fond son droit d'examen en matière civile, mais il le fait surtout pour constater que le jugement étranger ne porte aucune atteinte aux principes de la législation française, mais tôt ou tard l'opinion qui restreint le droit d'examen à ce dernier point de vue, tenant pour bonne au fond l'appréciation du juge étranger, semble appelée à triompher. La contrainte par corps si rigoureuse vis à vis de l'étranger a disparu de nos Codes pour n'y plus rentrer, espérons-le, mais même auparavant la tendance de nos tribunaux était de faire profiter les étrangers des dispositions les plus humaines de la dernière loi de 1848.

Les droits de famille, la validité du mariage avaient souvent été mis en question devant notre justice, qui a reconnu la compétence des tribunaux étrangers à trancher de pareilles questions, mais elle s'est dessaisie, quand ceux-ci étaient appelés à juger. Toutes les mesures d'urgence et d'intérêt public qui se rattachaient à ces mêmes questions ont reçu une solution française : ainsi l'accomplissement des obligations essentielles du mariage, le droit pour la femme d'habiter avec le mari, le règlement du sort des enfants. Le 28 février 1860, la Cour de cassation, dont la jurisprudence avait été constante pour repousser l'union contractée par un Français avec un étranger, qui avait un premier conjoint vivant, bien que légalement divorcé, après avoir entendu un réquisitoire remarquable de M. le procureur général Dupin, a reconnu que le mariage était un contrat civil se rattachant d'une manière inséparable au statut personnel, tombant sous l'empire de l'art. 3 du Code Napoléon, suivant l'étranger partout, et créant pour lui, si on peut s'exprimer ainsi, dans l'ordre des choses civiles un privilége d'exterritorialité. Nous ne croyons pouvoir mieux faire que de citer les paroles de l'éloquent jurisconsulte que la science du droit regrettera toujours. « A une « époque où le mélange des peuples est plus actif que « jamais, où leur union tend à devenir chaque jour « plus intime et où l'influence de la France se fait de

« plus en plus sentir au loin, n'arrêtons point cet essor, « n'élevons pas de barrières entre eux et nous, en « créant dans un esprit mystique, qui n'est pas celui de « notre législation, des prohibitions qui ne sont fondées « sur aucun texte. Loin de là, gardons soigneusement « l'esprit laïque de nos lois civiles et conservons à l'in- « terprétation de ces lois le caractère libéral et généreux, « que le Code Napoléon tient de la grandeur de son « origine et de l'esprit du temps. »

POSITIONS.

DROIT ROMAIN.

I. Le droit exercé sur le sol provincial n'est pas l'*in bonis*, mais un droit *sui generis*.

II. L'action, qu'avait le possesseur du fonds provincial, était la Publicienne.

III. La loi Julia ne contenait pas la défense au mari d'engager ou d'hypothéquer le fonds dotal avec le consentement de sa femme, comme le prétend Justinien. *Inst. princip. quib. alien. licet.*

IV. La loi Julia ne parlait pas des fonds provinciaux.

V. Celui qui est devenu possesseur d'un fonds provincial en vertu d'une *adjudicatio*, a une action utile.

VI. Un véritable droit de servitude ne pouvait être constitué par les pactes et stipulations en général et en particulier sur les fonds provinciaux.

VII. Justinien, dans la loi unique C. 7, 31, *De usucap. transformanda*, n'a transformé l'usucapion qu'au point de vue du temps et du lieu et a laissé subsister la prescription et l'usucapion.

VIII. Le *jus italicum* qui n'a été connu qu'après les lois

Juliennes, ne s'applique qu'aux territoires et confère seulement l'immunité complète d'impôt et l'assimilation du sol provincial au sol italique.

DROIT FRANÇAIS.

I. Lorsqu'une question dépendant du statut personnel est soumise à un tribunal français, et que la partie produit le texte de la loi en vigueur dans son pays ou au lieu de son domicile, le jugement rendu contradictoirement à cette loi devra être cassé.

II. Le consul français ne peut pas célébrer un mariage entre un Français et un étranger.

III. La sanction de l'art. 170 est dans le pouvoir discrétionnaire des magistrats de valider ou d'annuler le mariage célébré à l'étranger.

IV. Le mariage même contracté à l'étranger, sans qu'on se soit conformé à l'art. 171, produira tous les effets du mariage, à moins que les tribunaux ne reconnaissent que le mariage a été tenu secret par les époux.

V. Le Français peut faire son testament avec les formes usitées dans le pays, où cet acte est passé, quelle que soit la forme authentique ou sous seing privé exigée dans le pays.

VI. Le Français peut encore faire devant le Chancelier du consulat un testament public.

VII. Un testament olographe fait par un étranger, dont la loi personnelle n'admet pas cette manière de tester, n'est pas valable en France.

VIII. Un tribunal français peut connaître d'un acte directement contraire aux lois d'un pays étranger et fait précisément dans le but de les violer, pourvu qu'il ne soit pas contraire aux lois du pays, où il est fait.

IX. Dans un contrat conclu par lettres écrites de lieux soumis à des lois différentes, il faut rechercher dans quel lieu se sont rencontrées les volontés des contractants.

X. La loi qui règle l'obligation de garantie est celle du contrat.

XI. La femme étrangère jouit en France sur les biens y situés de l'hypothèque légale dans les mêmes conditions que la femme française, si la loi personnelle lui accorde cette hypothèque.

PROCÉDURE CIVILE.

I. Le tribunal français requis de rendre exécutoire un jugement étranger ne doit pas reviser l'affaire au fond.

II. Des parères donnés devant un tribunal étranger sur un point d'usage commercial peuvent être produits devant un tribunal français et servir de base au jugement de ce tribunal.

III. Le tribunal français chargé par un tribunal étranger de recevoir le serment suivant les formes du pays étranger ne doit pas substituer la forme générale de la loi française.

DROIT COMMERCIAL.

I. Le marchand, qui écrit à son correspondant pour

lui proposer une affaire, n'est obligé par sa proposition qu'autant qu'il ne l'a pas rétractée avant l'acceptation.

II. Lorsque le commissionnaire expédie ses propres marchandises au mandant, la vente devient parfaite chez le commissionnaire.

III. Dans les contrats conclus par l'intermédiaire d'un commis-voyageur, le lieu du contrat est celui où le commis-voyageur a traité au nom de son commettant.

IV. Un jugement d'homologation obtenu en pays étranger par un failli ne saurait être opposé à un créancier français, qui n'y a pas adhéré.

DROIT DES GENS.

I. La règle *locus regit actum* n'est obligatoire qu'à l'égard des agents diplomatiques, qui ne jouissent pas du privilége d'exterritorialité.

II. Les personnes et les propriétés particulières sont inviolables en temps de guerre aussi bien qu'en temps de paix.

III. Les belligérants ne peuvent pas interdire le commerce des neutres avec les ports ennemis.

HISTOIRE DU DROIT.

I. Le terme d'aubain vient du mot albanus qui désignait les Anglais.

II. Dans l'ancienne jurisprudence, le droit d'aubaine était au nombre des priviléges accordés aux ambassadeurs.

DROIT CRIMINEL.

I. Les délits commis par les Français à l'étranger contre les fonctionnaires ou les propriétés des nations étrangères ne peuvent être poursuivis en France que comme délits privés.

II. Un écrivain politique français ne peut pas être poursuivi en France pour avoir attaqué le principe d'un gouvernement étranger à l'étranger.

III. Un Français acquitté en pays étranger, parce que la loi du pays ne punit pas le fait par lui commis, ne pourra pas être repris par le ministère public, si le fait était puni par la loi française.

IV. L'art. 2 de la loi du 27 février 1858 ne s'applique pas, quand tous les faits qui constituent le délit se sont passés à l'étranger.

V. L'amnistie promulguée par la souveraineté étrangère avant tout jugement met le Français à l'abri de toutes poursuites, s'il s'agit d'un délit mais non d'un crime.

Vu par le Président de la Thèse,

J. E. LABBÉ.

Vu,

G. COLMET-DAAGE.

232. — Abbeville, imp. Briez, C. Paillart et Retaux.

www.ingramcontent.com/pod-product-compliance
Ingram Content Group UK Ltd.
Pitfield, Milton Keynes, MK11 3LW, UK
UKHW012029240726
13965UKWH00002B/667